Heiko Bräuning

Herr, ich rufe zu dir

Heiko Bräuning

Herr, ich rufe zu dir

Gebete für jeden Tag

cap-books

Bestell-Nr.: 52 50502
ISBN 978-3-86773-254-3
Alle Texte, wenn nicht anders vermerkt: Heiko Bräuning

Oberer Garten 8
D-72221 Haiterbach-Beihingen
07456-9393-0
info@cap-music.de
www.cap-books.de

Umschlaggestaltung und Titelbild: Ralf Margott
Satz: Jan Henkel

Die Quellen wurden geprüft, konnten aber nicht immer zweifelsfrei festgestellt werden.
Für Hinweise ist der Verlag dankbar.

Bibelzitate aus:
Lutherbibel, revidierter Text 1984, durchgesehene Ausgabe in neuer Rechtschreibung 2006,
© 1999 Deutsche Bibelgesellschaft, Stuttgart

Printed in the EU

Inhalt

Vorwort

Als kleiner Junge schlief Friedrich von Bodelschwingh mit seiner Schwester in einem Zimmer. Durch etwas werden die beiden plötzlich aufgeweckt. Aufrecht sitzen sie in ihren Betten und fürchten sich. „Komm", sagt die Schwester, „komm, wir stehen schnell auf und gehen ins Wohnzimmer." Das aber erschreckt den Kleinen noch mehr, denn der Weg führt durch zwei stockdunkle Räume. Sie zögern. Aber dann, als die Angst immer größer wird, wagen sie es doch. Hand in Hand tasten sie sich in ihren Nachthemdchen durch das erste dunkle Zimmer, und dann durch das zweite. Die Herzen klopfen vor Angst und Erwartung. Aber plötzlich öffnet sich die Wohnzimmertür. Im hell erleuchteten Raum steht der Vater, der seine beiden Kinder bereits gehört hat. Unter den Händen des Vaters, die sich auf ihre Köpfe legen, sind plötzlich alle Ängste vergessen. Der Kleine sagt: „Vater, ich wollte doch nur zu dir."

Von Bodelschwingh schreibt über sein Kindheitserlebnis: „Das ist Beten, sich aus der Welt der Angst aufmachen und zum Vater gehen. Beten heißt, sehen, wie die Tür sich auftut. Beten heißt, seinen Kopf neigen, dass der Vater seine Hand drauflegen kann. Beten heißt zu sagen: Vater, ich wollte nur zu dir."

Kommen Sie mit! Machen Sie sich auf und fangen Sie an zu beten!

Sie fragen: Lohnt sich das Beten? Macht es in meiner persönlichen Situation denn noch Sinn? Martin Luther sagt dazu: „Bete und du wirst entdecken, dass Beten Sinn hat – und anders als durch Beten wirst du es nie entdecken."

Und was soll ich Gott sagen? Mir fehlen die Worte – sagen Sie? Noch einmal Martin Luther: „Schüttet euer Herz vor ihm aus, klaget nur frei, verberget ihm nichts. Es sei, was es wolle, so werft´s mit Haufen heraus vor ihn."

Und wie kann ich beten? Es fällt mir schwer – sagen Sie? Sören Kierkegaard hat es so formuliert: „Beten heißt nicht: sich selbst reden hören. Beten heißt: Stille werden und Stille sein und Hören, bis der Betende Gott hört."

Mögen Sie Gott finden – durch das Lesen und Beten der Gebete in diesem Buch. Mögen Sie dadurch Worte finden, die Ihre eigenen Worte werden. Und dann halten Sie den Moment der Stille aus, in dem Sie meinen, Gott hätte nicht gehört. Gott – in seiner Menschenliebe – hat gehört! Und nimmt sich alle Zeit der Welt, um für Sie das Beste vorzubereiten. Stille ist nicht Funkstille – sind nicht unerhörte Gebete. Stille ist das leise, aber gewisse Kommen Gottes in Ihre Welt!

Pfarrer Heiko Bräuning (Wilhelmsdorf)

Gelassenheit

Heiliger Gott,
ich bin unruhig.
Ich komme nicht mehr zur Ruhe.
Selbst nachts kann ich kein Auge zu tun
und immer wieder reißen mich die Gedanken aus dem Schlaf.
So vieles drängt auf mich ein.

Der volle Terminkalender.
Die Sorgen und Ängste vor der ungewissen Zukunft.
Die vielen Mühen um geliebte Menschen,
die du mir anvertraut hast.
Die Zeit rinnt mir durch die Finger.
Die Kraft verlässt mich mehr und mehr,
neue Kraft zu bekommen fällt mir schwer.
Ich sehne mich nach Gelassenheit.
Dass ich Dinge lassen kann.
Dass ich Dinge dahin „gehen" lassen kann.

Ich bete:
Befreie mich von aller Nervosität.
Von allem Druck.
Von allen Zwängen.
Und führe mich in heilige Gelassenheit.
Dass ich dir mehr zutraue als mir selbst.
Richte mein unruhiges Herz aus zu dir,
dass es sich durch ein Wort von dir beruhigt.
Und gelassen wird!

Heiko Bräuning

Ich will dir danken

Heute, mein Gott, will ich dir danken,
für die bisherige Lebenszeit,
mit allem, was sie mir gebracht hat.
Ich danke dir für die kleinen Freuden des Alltags,
für jeden Baum, für jeden Strauch,
für den Gesang der Vögel in den Zweigen,
für die Menschen, die mir begegnen
und die zu mir gehören.
Es ist noch so viel, was mein Leben reich macht.

Erhalte mir, Herr,
ein waches Bewusstsein für den Reichtum meiner Tage.
Ich will nicht klagen über das, was mich beschwert;
freuen will ich mich,
dass ich deiner Treue gewiss sein darf,
und deiner Vergebung.
Hilf mir, Herr, dass ich den Menschen meiner Umgebung
mit offenen Augen begegne.

Ich weiß nicht,
wie viel Zeit du mir noch zumessen wirst.
Darum will ich dir danken, Gott,
für jeden Tag und jede Stunde, die du mich leben lässt.
Amen.

Gebet aus „Stunde des Höchsten",
Quelle unbekannt

Frieden – genug haben

Gott, in mir rumort das Gefühl,
ständig zu kurz zu kommen.
Zu wenig zu haben.
Das Schicksal scheint es immer auf mich abgesehen zu haben.
Warum immer ich?
Warum trifft es nur mich?
Warum geht es anderen so gut?
Warum haben andere mehr?
Warum können sie mehr?

In mir macht sich der Neid bemerkbar.
Ich spüre, wie die Unzufriedenheit wächst
und mir die Freude am Leben raubt.
Wenn ich zurückschaue,
tue ich das mit negativen Gefühlen.
Irgendetwas hat mir jeden Grund zur Dankbarkeit genommen.
Gott, ich suche deinen Frieden.
Frieden, tiefen Frieden,
der mir das Gefühl gibt, genug zu haben,
eben nicht zu kurz zu kommen.

Du Friedefürst:
Zieh ein mit deinem Frieden.
Du gibst mir genug zum Leben.
Ich will neu vertrauen:
Nichts wird mir mangeln.
Ich glaube: Du machst aus meiner Unzufriedenheit Zufriedenheit.
Meine Seele wird ruhig und zufrieden!
Gott, dazu hilf mir und verwandle mich!

Heiko Bräuning

Gerechtigkeit

Gott, von allen Seiten klagen sie mich an.
Sie fragen mich: Warum hast du das getan?
Was hast du dir dabei gedacht?
Warum bist du so, wie du bist?
Wäre es nicht für alle besser, wenn du anders wärst?
Stärker, klüger, weiser, gesünder, normaler!

Gott, ich fühle mich auf einer Anklagebank.
Und mir sinkt der Lebensmut.
Du hast mich geschaffen, so wie ich bin.
Hättest du mich anders gewollt, hättest du mich anders geschaffen.
Du hast am Kreuz von Golgatha den gnadenlosen Prozess
der Anklage beendet.
Hast ein Urteil gesprochen:
Ich darf so sein wie ich bin.
Du liebst mich, so wie ich bin.
Ich muss mich vor dir und der Welt nicht beweisen.
Muss mich nicht ständig für alles rechtfertigen!

Gott, du hast mich geschaffen wie ich bin:
Mit allen Grenzen, mit allen Möglichkeiten.
Mit allen meinen Stärken und Schwächen.
Mit allem Möglichen und Unmöglichen.
So will ich mein Haupt erheben,
im Vertrauen auf dich:
Du liebst mich, so wie ich bin!

Heiko Bräuning

Ich möchte dir danken

Himmlischer Vater,
heute möchte ich dir danken,
dass du mir immer wieder neues Vertrauen auf dich schenkst.
Manchmal nagt der Zweifel in mir,
ob es dich gibt,
ob es sich lohnt, mit dir zu reden,
ob ich wirklich auf dich und deine Hilfe hoffen soll,
ob du mich tatsächlich liebst.
So vieles in der Welt, und auch in meinem Leben, spricht dagegen.
Und doch zündest du immer wieder einen Funken Glauben in mir an,
der meine Augen öffnet, dass sie das Viele in der Welt
und auch in meinem Leben sehen,
was für dich spricht!
Dafür danke ich dir!

Gebet aus „Stunde des Höchsten",
Quelle unbekannt

Der Herr segne mich!

Herr, mache mich frei
von allen inneren und äußeren Zwängen.
Herr, gib mir Mut und Kraft,
meinen eigenen Weg zu gehen,
den für mich bestimmten Weg
zu suchen und zu finden.
Herr, behüte mich –
und schütze mich vor allem Unheil.
Nie werde ich mich von dir verlassen fühlen
und widrigen Umständen hilflos ausgesetzt sein.
Herr, stelle mir jederzeit
einen guten Menschen zur Seite.
Herr, lasse dein Antlitz über mir leuchten,
sei mir gnädig
und schenke mir reichlich dein Erbarmen.
Herr, schenke mir offene Augen und Ohren,
auf dass ich allezeit
deine Taten und Wunder erkenne
in den unscheinbaren Dingen des Alltags.
Herr, schenke mir jeden Tag ein fröhliches Herz,
ein Lächeln auf meinen Lippen,
ein Lachen, das andere mitreißt und frei macht,
und die Gabe, mich selbst nicht zu ernst zu nehmen.
Mit deinem Segen sei du mir alle Zeit nahe,
umgib mich mit deinem Beistand,
auf dass ich wachsen und reifen kann
und meinen Weg finden.
So bewahre mich, HERR, mein GOTT,
der mich ins Leben rief und will,
dass ich lebe und glücklich bin.

Heinz Pangels [1]

Schwächer

Guter Gott,
meine Kräfte verlassen mich.
Ich bin mit meiner Kraft am Ende.
Morgens fällt es mir schwer, aufzustehen.
Am liebsten würde ich nur noch schlafen.
Der Antrieb fehlt mir.
Es war zu viel in letzter Zeit.
Und ich bin ja auch nicht mehr der Jüngste.
Vieles fällt mir einfach nicht mehr so leicht wie früher.
Die Schritte werden langsamer.
Das Gehen mühevoller.
Probleme werden schneller unüberschaubarer.
Lösungen dauern länger.
Ich grüble mehr.
Ich habe öfters Angst.
Ich fühle mich häufig ohnmächtig.
Gestehe, mir wächst viel zu viel über den Kopf.

Gott, hilf mir,
mich mit meiner Schwäche anzufreunden.
Schenk mir neue Kraft, und hilf mir,
mit den Kräften hauszuhalten.
Bewahre mich vor falscher Selbsteinschätzung.
Deine Kraft ist in meiner Schwachheit mächtig.
Das tröstet mich und lässt mich heute aufstehen!

Heiko Bräuning

Nichts spüren

Gott,
es gibt Tage, an denen spüren wir nichts von dir.
Es ist, als ob du dich verborgen hättest.
Alles erscheint dunkel und leer.
Kein froher Gedanke will uns in den Sinn kommen,
und kein Lied kommt uns auf die Lippen.
Wir wissen nicht, warum das manchmal so ist.
Aber wir halten uns daran fest, dass du trotzdem da bist.
Du verstehst uns besser, als wir selbst es tun.
Hilf uns, dass wir nicht in Verzweiflung fallen.
Und gib uns Menschen, die bei uns bleiben.

Gott,
wenn die Schwermut unsere Angehörigen trifft,
Freundinnen oder Freunde,
dann gib uns Geduld, bei ihnen zu bleiben.
Gib uns den Mut, dir die Not zu klagen.

Gott,
wir danken dir für die hellen und fröhlichen Stunden.
Wir danken dir für alle deine Gaben,
für alles, was du erschaffen hast, um uns zu erfreuen.
Wir danken dir besonders für die Musik,
die in allen deinen Geschöpfen wohnt.
Gib uns Ohren, die sie hören,
und den Atem, der sie erklingen lässt,
zu unserer Freude und zu deiner Freude.

Gebet aus „Stunde des Höchsten",
Quelle unbekannt

Loslassen

Guter Gott,
wieder musste ich einen Traum von mir begraben.
Es hat nicht gereicht.
Es war mir einfach nicht möglich.
Ich konnte nicht.
Dabei habe ich soviel investiert.
So lange habe ich mich bemüht.
So viel habe ich versucht.
Es fällt mir schwer, loszulassen.
Schon wieder!
Es ist wie ein kleiner Tod.
Wie ein Stehen auf dem eigenen Friedhof.
Wo schon so viele Wünsche, Hoffnungen begraben liegen.
Eigentlich müsste mich das zermürben.
Aber ich spüre eine Zuversicht in mir.

Du sprichst:
Achte nicht auf das Frühere, gedenke nicht an das Vorige.
Jetzt wächst etwas Neues! Erkennst du es denn nicht?
Ich will entdecken, was als nächstes kommt.
Will loslassen. Mit dankbarem, zuversichtlichem Herzen.
So viel war schon gut. Soviel ist schon gelungen.
Herr, lehre mich, auf das Gute zu sehen.
Herr, hilf mir, in Frieden loszulassen.

Heiko Bräuning

Mein Glück

Dir, Gott, nahe zu sein ist mein Glück,
in deiner Nähe zu sein, jeden Augenblick.
Dir, Gott, nahe zu sein ist mein Glück,
vor dir weichen die Mächte der Sorgen zurück,
dir, Gott, nahe zu sein ist mein Glück.

Die Reise meines Lebens ist Suche nach dem Glück,
so oft war sie vergebens, enttäuscht kam ich zurück.
Doch du nimmst mich am Ende mit Ehren bei dir an,
du leitest meine Wege nach deinem guten Plan.

Das Boot meiner Gedanken, allein im wilden Meer,
von Sorgen und von Zweifeln, getrieben hin und her.
Ich wünsch mir einen Hafen, ich suche Land in Sicht, ich bete:
Gott, verlass mich, verlass mich bitte nicht!

Die Ruhe meines Herzens, den Frieden tief in mir,
verleihst du meiner Seele, verdanke ich nur dir.
Die Ruhe meines Herzens, den Frieden tief in mir,
verleihst du meiner Seele, verdanke ich nur dir!

Dir, Gott, nahe zu sein ist mein Glück,
in deiner Nähe zu sein, jeden Augenblick.
Dir, Gott, nahe zu sein ist mein Glück,
vor dir weichen die Mächte der Sorgen zurück,
dir, Gott, nahe zu sein ist mein Glück.

Heiko Bräuning
(nach dem Lied „Gott nahe zu sein ist mein Glück")[2]

Neue Kraft und Stärke

Es ist ein Wunder.
Gestern noch fühlte ich mich müde und matt.
Heute bin ich zu neuen Kräften gekommen.
Wie aus heiterem Himmel.
Gott, du hast mich beschenkt.
Unerwartet. Unverhofft. Unvergleichlich.

Und jetzt segne die neue Kraft.
Die Stärke. Den Mut.
Die Kraft, dass sie nicht überheblich wird
und meint, alles auf einmal einsetzen zu müssen.
Die Stärke, dass sie nicht Unüberlegtes tut,
sondern besonnen, klug und weitsichtig wirkt.
Den Mut, dass er nicht blindlings zu viel riskiert,
sondern über mich selbst hinaus den anderen im Blick hat.

Und wenn mir morgen die Kräfte schon wieder schwinden,
weiß ich in dir die Quelle neuer Kraft.
Ich will mich erneut aufmachen,
um von dir Kraft zu schöpfen.
Danke, du guter Gott!

Heiko Bräuning

Ich bitte dich, o Gott, um Geduld

Ich bitte dich, o Gott, um Geduld,
um den großen Atem,
dass ich abwarten kann, ohne einzugreifen,
dass ich wachsen lassen kann, ohne mein Zutun,
dass Stürme und Unwetter sich von alleine legen.

Gib mir den großen Atem und die Gabe der Langmut,
dass ich anderen ihr Tempo lasse,
dass ich auch Umwege und Irrwege zulasse,
dass ich nicht alles selbst ordnen will,
oder meine, ordnen zu müssen.

Lass mich tief atmen,
und mit jedem Atemzug deine Kraft,
deine Geduld und Liebe
in mir aufnehmen,
und hilf mir,
meine Begrenztheit demütig anzunehmen.

Verfasser unbekannt

Betrug

Gott, man hat mich betrogen.
Warum hat man mir das angetan?
Ich fühle mich hintergangen,
fühle mich beraubt,
fühle mich ausgenutzt,
fühle mich ausgespielt,
fühle mich wertlos.
Und das Schlimmste ist:
Keiner ist da, der den Schaden heilen kann.

Ich hab so viel verloren.
Ich stehe vor dem Nichts.
Ich bin entehrt,
gedemütigt,
geschändet,
misshandelt,
missbraucht.
Meine Ehre ist dahin.
Ich gehe mit gesenktem Haupt,
als müsste ich mich schämen.
Wolltest du das?
Hättest du es nicht zu verhindern gewusst?

Ich komme zu dir
und bin gespannt, ob du meine Ehre retten kannst.
Ob du dich für mich einsetzt.
Ich selbst kann nicht mehr.
Ich hoffe auf dich!
Stell meine verlorene Ehre wieder her! Bitte!
Ich hoffe von ganzem Herzen auf dich!

Heiko Bräuning

Sehnsucht

Gott, du hast mich geschaffen, so wie ich bin.
Und zu mir gehören auch die Gefühle.
Die guten und die schlechten.
Und deshalb schäme ich mich nicht, dir zu sagen:
Ich habe Sehnsucht.
Schon lange sehne ich mich
nach Anerkennung,
Wertschätzung,
Wärme, Liebe, Geborgenheit.
Ich sehne mich danach,
dass mich jemand annimmt, so wie ich bin.
Dass sich jemand für mich interessiert.
Dass mich jemand akzeptiert.
Dass meine Ohren hören: Ich liebe dich.
Dass mein Herz schlägt vor Freude.
Dass meine Gedanken völlig aus dem Häuschen sind.
Dass meine Augen blind sind vor Liebe.

Gott, du kennst meine Sehnsucht.
Ich schäme mich nicht dafür.
Ich sage es offen heraus.
Und ich bin gespannt, welche Überraschungen
mein Gottvertrauen bringt!
Und ich bin offen!

Heiko Bräuning

Freie Zeit!

Freie Zeit – Heilige Zeit – Gottesdienst,
mein Gott, wie schön!
Ich kann mich entspannen,
Atem holen, zur Besinnung kommen.

Ich kann mich freuen
an Menschen, die mir lieb sind,
am Licht der Sonne,
an Blumen und Bäumen,
am Singen der Vögel,
wer weiß, woran noch?

Ich kann dein Wort hören
und deine Liebe feiern
mit allen, die an dich glauben.
Ich danke dir, Gott.

Ich bitte dich um deinen Segen
für diesen Tag,
den Tag deines Sohnes.

In seinem Licht will ich leben.

Gebet aus „Stunde des Höchsten",
Quelle unbekannt

Es war mein Fehler

Gott,
es war mein Fehler.
Ich hab es gesehen.
Es gibt keine Ausrede,
es nützt keine Lüge,
kein Vortäuschen einer anderen Wahrheit.
Der Fehler ist mir passiert.
Und es tut mir leid.

Gott,
ich war nicht achtsam genug,
ich war zu voreilig.
Ich hab nicht genügend überlegt.
Jetzt ist es nicht mehr rückgängig zu machen.

Gott,
es fällt mir schwer,
mich zu entschuldigen.
Ich weiß, es wäre dran:
eine Mail, ein Anruf, eine SMS, ein Brief.
Aber es fällt mir schwer.
Hilf mir, den ersten Schritt zu tun.
Hilf mir, über meinen eigenen Schatten zu springen.

Befreie mich von allen Täuschungsversuchen,
von jedem Deckmantel.
Versage es mir, etwas unter den Teppich zu kehren.
Ich erinnere mich daran,
wie gut es tut, um Vergebung zu bitten
und entschuldigt zu werden.
Gott, hilf mir, den ersten Schritt zu tun!

Heiko Bräuning

Ziellos

Kein Ziel, keinen Halt, mein Gott, so geht es mir manchmal.
Wohin treibe ich? Ohne Orientierung, ohne Kraft ...
Wohin soll ich gehen? An welche Aufgaben mich wagen? Wo will ich ankommen?
Heute, morgen, am Ende meines Lebens ...

Gott, ich sehne mich danach, dass mein Weg ein Ziel hat,
dass der Boden, auf dem ich stehe, trägt,
dass der Mensch, auf den ich mich verlasse, Halt gibt.
Ich sehne mich danach, dass jeder Streit sich löst,
dass jedes Herz sich weitet,
dass sinnlose Zerstörung und Tod ein Ende haben.

Ich sehne mich nach Frieden,
um die Schönheit deiner Schöpfung zu genießen.
Ich sehne mich nach dir, Gott.
Du bist mein Ziel und mein Halt.

Gebet aus „Stunde des Höchsten",
Quelle unbekannt

Dankbarkeit

Mein Herz ist voller Dankbarkeit:
Danke für die Kraft, die du mir heute schenkst.
Danke für die Lust zu leben.
Danke für den Mut, Dinge anzupacken.
Danke für meine Gesundheit, nichts tut mir weh.
Danke für die Zeit, die mir heute anvertraut ist.
Danke für die Verantwortung, die ich tragen darf.
Danke für die Erinnerungen, die in mir kreisen.
Danke für Menschen, die mich umgeben.
Danke für meine kleine Welt, die du für mich erschaffen hast.
Danke für jeden Tag, der mir zum Leben bleibt.
Mein Herz ist voller Dankbarkeit!

Heiko Bräuning

Mein Gott, bin ich glücklich

Mein Gott, bin ich glücklich!
Ich könnte Berge versetzen.
Ich könnte Bäume ausreißen.
Ich habe Lust auf das Leben.
Gott, wie geht es mir gut!
Ich bin glücklich.

Glücklich, nicht alleine zu sein.
Glücklich, getragen zu sein von dir.
Glücklich, frei und erleichtert zu sein.
Glücklich, die Welt ein bisschen verbessern zu dürfen.
Glücklich, die Kraft zu spüren für neue Taten.
Glücklich, unabhängig und frei zu sein.
Glücklich, beschenkt und begabt zu sein.
Glücklich, von allem genug zu haben.
Glücklich, nicht vergessen und abgeschrieben zu sein.
Glücklich, dass du auf meiner Seite bist.
Mein Gott, bin ich glücklich!

Danke für das Glück!

Heiko Bräuning

Furchtlos

Meine Schritte sind zaghaft.
Meine Gedanken sind ängstlich.
Mein Handeln ist zögerlich.
Ich bin von großer Furcht befallen.
Sie lässt alles klein werden,
verzagt, zweifelnd.
Gott, mache mich furchtlos!

Dein Geist ist nicht ein Geist der Furcht, der Angst.
Dein Geist macht mutig und tapfer.
Dein Geist macht zuversichtlich und tüchtig.
Dein Geist macht wagemutig und unverdrossen.
Dein Geist macht beherzt und unerschrocken.
Gott, mache meinen Kleingeist von der Furcht los!
Befreie mich aus den Fängen der Angst.
Schenke mir einen neuen Geist: deinen Geist.
Verändere mein Herz, wie es dir gefällt.

Heiko Bräuning

Ich habe es satt

Herr, ich habe es satt,
den Hals zu verdrehen
und jedem Trugbild nachzugaffen.
Ich drehe mich nicht mehr um.
Geradeaus sehe ich und schweige.
Ich gönne meinem Nacken Ruhe.
Denn mein Nacken ist müde,
müde vom ewigen Drehen und Wenden.
Mache mich zu einem Menschen,
der geradeaus geht,
dass ich nur auf deinen Weg schaue,
den Weg, den du zeigst.
Meine Ohren sind müde
vom Lärm der Züge und Autos,
müde vom Nachhall der Worte,
vom Kopfweh kommender Tage,
sehr, sehr müde
und beinahe ertötet
vom klingenden, betäubenden Lärm.
Ich habe es satt, gereizt zu werden,
gereizt von den vielen Dingen draußen,
und von der Selbstsucht drinnen.
Herr, reize du mich,
dass deine große Liebe mich treibt
und ich in Ewigkeit fröhlich bin.

John Mbiti[3], Kenia

Bring Angst und Zweifel selbst zur Ruhe

Gott,
ich jage von einem Termin zum nächsten.
Ich bin auf der Flucht vor mir selbst.
Ich hetze wie ein Verfolgter.
Ich plane, als gäbe es kein Morgen.
Ich bin im Stress und es nimmt kein Ende.
Gott, meine Sicht ist verrückt!

Ich bete zu dir:
Zeig mir dein königliches Walten.
Bring Angst und Zweifel selbst zur Ruhe.
Du wirst am Ende Recht behalten.
Herr, mach mich still und rede du.

Gott,
ich tue so, als ob ich alles im Griff hätte.
Dabei habe ich die Kontrolle verloren.
Ich denke, noch den Überblick zu haben,
doch habe ich es längst aus dem Blick verloren:
was wirklich wichtig ist,
was anderen gut tut,
was für mich wirklich dran ist.
Soll es immer so weitergehen?
Soll der Rest meines Lebens ein Jagen sein,
ein Hinterherjagen?

Ich bete zu dir:
Zeig mir dein königliches Walten.
Bring Angst und Zweifel selbst zur Ruhe.
Du wirst am Ende Recht behalten.
Herr, mach mich still und rede du.

Heiko Bräuning

Wenn du mich nicht segnest

Gott, ich bekenne:
ich habe nichts, ich bin nichts, ich kann nichts.
Du hast alles. Du bist alles. Du kannst alles.

So oft überschätze ich mich.
So oft komme ich dabei an meine Grenzen.
So oft renne ich im Kreis
oder verlaufe mich in Sackgassen.
So oft steh ich mit dem Rücken zur Wand,
könnte die Wände hoch gehen,
und kann noch nicht mal kleine Mauern überspringen.

Gott, ich bekenne,
ich habe nichts, ich bin nichts, ich kann nichts.
Du hast alles. Du bist alles. Du kannst alles.

Wenn ich den Eindruck habe, alles läuft gut,
kommt es so oft anders als gedacht.
Wenn ich denke, alles ist gut durchdacht und geplant,
macht mir etwas anderes einen Strich durch die Rechnung.

Ich erkenne, was ich habe, ist begrenzt.
Was ich kann, ist nicht alles.
Was ich bin, ist nicht so wichtig.

Gott, ich bekenne,
ich habe nichts, wenn ich dich nicht auf meiner Seite habe.
Ich bin nichts, wenn ich fern von dir bin.
Ich kann nichts, wenn du mich nicht segnest.

Heiko Bräuning

Was tut die Gnade für mich?

Es ist die Gnade, die mich ermutigt,
wenn meine Seele niedergeschlagen ist.
Es ist die Gnade, die mich tränkt,
wenn meine Seele durstig ist.
Es ist die Gnade, die mir zeigt,
wer ich wirklich bin,
wenn ich mich aufblasen möchte.
Es ist die Gnade, die mich an meine Pflichten erinnert,
wenn ich den Sinn meines Lebens vergesse.
Es ist die Gnade, die mich tröstet,
wenn ich erschüttert bin.
Es ist die Gnade, die mich aufrichtet,
wenn ich gefallen bin.
Es ist die Gnade, die meine Zukunft sichert,
wenn ich pessimistisch bin.
Mein Jesus,
du bist der Brunnen der Gnade.
Ich verdiene keinerlei Gunst von dir.
Aber deine Gnade folgt mir und leitet mich.
Ich danke dir für deine Gnade.

Johnson Gnanabaranam [4]

Gott der Freiheit

Gott der Freiheit,
mein Spielraum wird immer kleiner.
Meine Freiheit hat sich verwandelt in Zellen.
Ich bin wohnhaft, verhaftet an dem mir Vertrauten.
Ich bin standhaft, stecke fest in meinen Positionen.
Ich bin traumhaft, träume das Leben, ohne die Träume zu leben.
Ich bin krampfhaft, viele Bemühungen, und nichts kommt dabei raus.
Ich bin zweifelhaft, verstrickt in Zweifel und Ängstlichkeit.
Wo ist an mir die herrliche Freiheit der Kinder Gottes?

Gott der Freiheit,
hol mich raus aus dem Verhaftetsein.
Befreie mich aus aller Enge.
Öffne meine Zellen.
Auch die, die ich am liebsten behalten möchte.
Locke mich neu in die Freiheit.
Gott der Freiheit,
du haftest an mir.
Du bleibst an meiner Seite.

Heiko Bräuning

Vor der ungewissen Zukunft: Gott vertrauen!

Vor der ungewissen Zukunft: Gott vertrauen!
In den auswegslosen Lagen: Gott vertrauen!
An den hoffnungslosen Tagen: Gott vertrauen!
In den angsterfüllten Stunden: Gott vertrauen!

Worte, die das Fürchten lehren,
Krisen, die die Angst vermehren.
Mauern, die die Sicht verbauen,
Pläne, die wir nicht durchschauen.
Menschen, die uns Angst einjagen,
Nöte, die sich überschlagen.
Dramen, die uns sprachlos machen,
Sorgen, die zu schaffen machen.

Mein Herz, erschrecke nicht!
Glaube an Gott, vertraue ihm!

Vor der ungewissen Zukunft: Gott vertrauen!
In den auswegslosen Lagen: Gott vertrauen!
An den hoffnungslosen Tagen: Gott vertrauen!
In den angsterfüllten Stunden: Gott vertrauen!

Aufbruch, in das Unbekannte,
Schatten wirft das Ungeplante
Abschied, der uns endlos schwerfällt,
Zweifel, der das Herz zutiefst quält.
Fehler, die man nicht verziehn kriegt,
Schuld, die schon so lang zurückliegt.
Hoffnung auf den neuen Anfang,
Ängste, weil er so oft misslang.

Mein Herz, erschrecke nicht!
Glaube an Gott, vertraue ihm!

Heiko Bräuning
(nach dem Lied „Euer Herz erschrecke nicht") [5]

Alles, was nicht Gott ist

Zu wem soll ich rufen, Herr,
zu wem Zuflucht nehmen,
wenn nicht zu dir?
Alles, was nicht Gott ist,
kann meine Hoffnung nicht erfüllen.
Gott selbst verlange und suche ich;
an dich allein, mein Gott, wende ich mich,
um dich zu erlangen.

Du allein hast meine Seele erschaffen können,
du allein kannst sie aufs neue erschaffen;
du allein hast ihr dein Bildnis einprägen können,
du allein kannst sie umprägen
und ihr dein ausgelöschtes Antlitz
wieder einprägen,
welches ist Jesus Christus,
mein Heiland,
der dein Bild ist
und das Zeichen deines Namens.

Gebet von Blaise Pascal (1623–1662)

Führe mich in die Stille

Führe mich in die Stille meiner Seele –
ganz tief hinein zu mir,
und lass mich dich erkennen.

Führe mich in die Tiefe meines Herzens –
ganz tief hinein zu mir,
und lass mich dich bekennen.

Führe mich in die Mitte meines Geistes –
ganz tief hinein zu mir,
und lass mich dich beim Namen nennen.

Führe mich hinaus in den Tag –
ganz zu den Menschen,
und lass mich dich in ihnen erkennen.

Verfasser unbekannt

Ich klage an

Heiliger Gott, ich habe Grund zur Klage!
Ich möchte nicht sagen, dass sie Feinde sind ...
Aber die,
die mir das Leben schwer machen,
die mir nach dem Leben trachten,
die mir das Leben vermiesen,
die mir das Leben trostlos machen,
die mir das Leben hoffnungslos machen,
die mir das Leben verbieten wollen ...

Sind das nicht Feinde meines Lebens?

Gott, ich klage an:
So viele, denen ich gleichgültig bin,
so viele, die mich immer wieder beleidigen,
in Frage stellen, mit Urteilen vernichten,
so viele, die mir zu Unrecht Schlechtes nachsagen,
die mich verurteilen, beschimpfen, hintergehen.

Gott, ich klage an:
Warum kümmerst du dich nicht um mich?
Warum habe ich das Gefühl, gottverlassen zu sein?
Warum bin ich dir so egal geworden?
Warum redest du nicht mehr gut zu mir?

Gott, ich musste meiner Klage Luft machen.
Du wirst dich rechtfertigen, verteidigen.
Wirst dich ins rechte Licht rücken.

Gott, danke, dass du mein Klagen aushältst,
dass du damit umgehen kannst.
Du wirst mich nicht verurteilen,
auch wenn ich im Unrecht bin.
Du wirst mir Recht verschaffen
und wirst mir meine Klage verwandeln!

Heiko Bräuning

Einsam

Gott, so lange schon sitze ich hier in meinem Versteck.
Ich gebe zu, dass ich mich versteckt habe:
Aus Scham. Aus Angst. Aus Furcht. Aus Unzufriedenheit.
Aber ich halte die Einsamkeit nicht mehr aus.
So lange wünsche ich mir schon, dass jemand mich sucht.
Dass mich jemand findet.
Aber ich habe die Hoffnung fast aufgegeben.
Niemand klopft. Niemand klingelt.
Niemand ruft an. Niemand fragt nach mir.
Keiner, der sich für mich interessiert.
Keiner, dem ich etwas bedeute.
Das hört sich an wie Selbstmitleid.
Nein, das will ich nicht.
Aber es tut weh,
so in der Bedeutungslosigkeit unterzugehen.

Gott, ich will raus aus dem Versteck.
Schenke mir einen Menschen, der nach mir sucht.
Der mich findet. Der mir aufhilft.
Nur einen Menschen.
Das würde mir helfen!
Gott, danke, dass ich auch in der dunkelsten Zeit
wissen darf, dass du da bist.
Dass du dich um mich kümmerst.
Du bist meine Hoffnung.

Heiko Bräuning

Gott, wenn du bei uns einziehst

Gott, wenn du bei uns einziehst,
verwandelt sich unsere Welt.
Wenn du uns erleuchtest,
weicht unsere Beklommenheit.

Wenn deine Liebe uns anrührt,
schwindet unsere Angst.
Das danken wir dir und bitten:
Richte neu die Hoffnung auf,
wenn Enttäuschungen uns niederdrücken.

Lass wieder Vertrauen wachsen,
wenn Zweifel uns lähmt.
Wenn wir unser Recht fordern,
erinnere uns an das Recht der anderen.

Wir bitten für die Welt, in der wir leben:
Wecke die Gewissen auf durch dein Wort.
Gib den Verantwortlichen Einsicht
und den Einsichtigen Durchsetzungsvermögen.
Lass die Bedrohten unter uns Schutz
und die Bedürftigen großzügige Hilfe finden.

Gebet aus „Stunde des Höchsten",
Quelle unbekannt

Mein Glaube – dein Glaube

Ich bete im Namen Jesu.
Sie beten im Namen Allahs.
Ich lese die Propheten,
sie vertrauen auf den Propheten Mohammed.
Ich glaube an jedes Wort in der Bibel,
sie verehren das Heilige Buch, den Koran.
Ich glaube an das ewige Leben,
sie freuen sich auf das Paradies.
Sie kennen und lieben Abraham, Isaak und Jakob.
Wie ich.

In vielem sind wir so verschieden,
in vielem sind wir so gleich.

Gott, was soll, was muss, was kann ich glauben?
Ist Jesus der einzige Weg, die Wahrheit für alle,
das Leben nur in ihm?
Wer sind dann Mohammed, Allah und Jungfrauen im Paradies?

Gott, manchmal macht mir das Andere Angst.
Es ist fremd, es ist andersartig, verschieden. Es liegt mir fern, zu urteilen.
Ich möchte nicht herabsehen auf andere.
Möchte nicht altklug oder neumodisch sein.
Möchte nicht überheblich abtun, was ich nicht verstehe.

Gott, du kennst dich mit Religionen besser aus.
Du bist der Herr der Welt,
der Herr über die Herren dieser Erde,
du bist der Gott aller Götter,
außer dir ist kein Gott.

Gott, mehr weiß ich nicht.
Anderes kann ich nicht glauben.
Ich vertraue dir, dem Herrn der Herren!

Heiko Bräuning

Veränderung

Wieder steht Veränderung für mich an,
wieder fängt alles von vorne an,
doch ich schaue dem Neuen mutig ins Gesicht.

Ich weiß nicht, ob ich es schaffen kann,
der Zweifel nagt sich gütlich satt daran,
doch das eine gibt mir Grund zur Zuversicht:

Alles lege ich hinein in deine Hände,
all das Unbekannte und das mir noch Fremde.
All die offenen Fragen samt den fernen Tagen,
alles wenden wird sich nur in deinen Händen,
zum Besten wenden wird sich's nur in deinen Händen.

Wieder fällt mir dieser Abschied schwer,
und ich trauere vielem hinterher,
doch ich traue mir zu, mit dir schaff ich es schon!

Wieder lass ich vieles dort zurück,
viel begrabe ich vom Lebensglück,
und ich spür einen Moment lang auch die Angst.

Alles lege ich hinein in deine Hände,
all das Unbekannte und das mir noch Fremde.
All die offenen Fragen samt den fernen Tagen,
alles wenden wird sich nur in deinen Händen,
zum Besten wenden wird sich's nur in deinen Händen.

Heiko Bräuning
(nach dem Lied „Alles lege ich hinein in deine Hände") [6]

Wie ein Spielball

Lieber Gott, oft komme ich mir vor wie ein Spielball.
Man wirft mich hin und her, je nach Laune.
Man wirft mich fort, man nimmt mich wieder auf,
man lässt mich irgendwo in der Ecke liegen,
man beachtet mich nicht, man stolpert über mich hinweg,
man gibt mir einen Tritt, man greift nach mir,
hält mich fest, überlässt mich fremden Händen.

Herr, mein Gott,
warum werden wir Menschen wie Spielbälle behandelt?
Muss das so sein?
Wäre es nicht denkbar,
dass Menschen einander liebevoller begegneten,
einander zärtlicher behandelten?

Lieber Gott, denk daran, wie schwer es ist für Menschen,
wie Spielbälle herumgeworfen,
wie Abfall weggeworfen zu werden.
Nimm dich der Menschen an!

Herr, mein Gott, lehre uns, dass wir uns
untereinander nicht länger wie Spielbälle behandeln,
sondern Achtung haben voreinander.

Schulmädchen aus dem Libanon[7]

Am Ende

Ehe ich ganz am Ende bin,
bevor alles zu Ende ist,
möchte ich noch einmal etwas wagen.
Ehe ich alles aufgebe,
bevor alle Hoffnung begraben wird,
möchte ich mich ermutigen lassen,
den Kopf nicht in den Sand zu stecken,
die Hände nicht sinken zu lassen,
den Mut nicht zu verlieren.

Du Gott des Anfangs:
Segne meinen Aufbruch.
Segne den Neuanfang.
Hilf mir, was zu Ende ist, zu Ende sein zu lassen.
Schenk mir, inmitten aller schmerzlichen Erinnerung,
den unbeschwerten und fröhlichen Blick nach vorne.
Vergib mir meinen Unglauben, den Zweifel,
das Gefühl der Ohnmacht und der Verzagtheit.
Am Ende steht nicht mein Tun oder Lassen,
nicht mein Licht oder Schatten.
Am Ende krönst du mich mit Herrlichkeit.

Am Ende werde ich feststellen:
Wenn ich mich umdrehe,
sehe ich Gutes und Barmherzigkeit, die mir gefolgt sind ...
mein Leben lang.

Heiko Bräuning

Ich vergebe

Ich vergebe die Tränen, die sie mich haben vergießen lassen.
Ich vergebe das Leid und die Enttäuschungen.
Ich vergebe begangenen Verrat und Lügen.
Ich vergebe Verleumdungen und Intrigen.
Ich vergebe Hass und Verfolgung.
Ich vergebe die Schläge, die mich verletzt haben.
Ich vergebe die zerstörten Träume.
Ich vergebe zerstörte Hoffnungen.
Ich vergebe Lieblosigkeit und Eifersucht.
Ich vergebe Gleichgültigkeit und Böswilligkeit.
Ich vergebe Ungerechtigkeit im Namen der Gerechtigkeit.
Ich vergebe Zorn und Misshandlungen.
Ich vergebe Vernachlässigung und Vergessen.
Ich vergebe der Welt mit all ihren Übeln.

Ich will und werde imstande sein zu lieben,
alle Lieblosigkeit zum Trotz.
Ich will und werde imstande sein zu geben,
auch wenn ich nichts mehr habe.
Fröhlich zu arbeiten, auch inmitten aller Widrigkeiten.
Helfend die Hand auszustrecken,
selbst wenn ich allein und verlassen bin.
Tränen anderer zu trocknen,
auch wenn ich selbst traurig bin.
Zu glauben, auch wenn niemand an mich glaubt.

Verfasser unbekannt

Dass du meine Füße auf weites Land ...

Dass du meine Füße auf weites Land,
meine Wege in die Freiheit lenkst,
mich begleitest und mir deine starke Hand
zum Halten und Fühlen schenkst.

Wenn der Weg steinig wird und Gefahr vor mir liegt,
wenn die Leichtigkeit des Lebens ihren Charme verliert,
dann wünsche ich mir:

Dass du meine Füße auf weites Land,
meine Wege in die Freiheit lenkst,
mich begleitest und mir deine starke Hand,
zum Halten und Fühlen schenkst.

Wenn ich im Labyrinth den Weg zum Ziel nicht mehr sehe,
wenn mir unter den Füßen der Boden zerfließt,
dann wünsche ich mir:

Dass du meine Füße auf weites Land,
meine Wege in die Freiheit lenkst,
mich begleitest und mir deine starke Hand
zum Halten und Fühlen schenkst.

Wenn ich mit letzter Kraft an die Grenzen gelang,
wenn der Weg einfach aufhört, ich nicht weiter kann,
dann wünsche ich mir:

Dass du meine Füße auf weites Land,
meine Wege in die Freiheit lenkst,
mich begleitest und mir deine starke Hand
zum Halten und Fühlen schenkst.

Heiko Bräuning
(nach dem Lied „Dass du meine Füße") [8]

Alles Leben kommt aus deiner Hand

Alles Leben kommt aus deiner Hand, Herr,
die raschen Tage und die stillen,
das Lachen und das Weinen,
unsere Zweifel und unsere Zuversicht,
es ist alles vor deinen Augen,
und es lebt von dem Atem deiner Güte.

Herr, es ist alle Zeit wie ein anvertrautes Land.
Wie viel versäumen wir daran,
und wie viel kann werden und wachsen auf einem Land,
über das die Sonne deines Erbarmens geht.
Löse uns aus dem Schatten der Schuld,
bewahre uns vor dem Leichtsinn der Gedankenlosen
und vor dem Unsinn vieler Sorgen.

Schenke uns die Zuversicht
und das fröhliche, getröstete Herz derer, die dir vertrauen.
Lass uns erfahren, wer du bist.

Gebet aus „Stunde des Höchsten",
Quelle unbekannt

Alles hat seine Zeit

Gott, es ist gut wissen:
Alles hat seine Zeit.
Nichts muss für immer halten.
Nichts bleibt für alle Ewigkeit.
Was ich angefangen habe,
darf zu Ende gehen.
Was ich begonnen habe,
darf auch aufhören.
Ich muss nicht versuchen,
etwas krampfhaft am Leben zu erhalten.
Ich muss nichts bewahren,
was längst schon überholt ist.
Ich darf gelassen loslassen.
Ich darf sein lassen,
darf gut sein lassen.
Es war gut. Es ist gut so.
Alles hat seine Zeit.
Und jeder Augenblick davon war gut so.
Hilf mir, das so zu erkennen.
So zu akzeptieren.
Und dann in Frieden zu lassen.
Alles hat seine Zeit.
In deiner Hand ist diese Zeit gut und lang genug.

Heiko Bräuning

Ich bitte nicht um Wunder und Visionen

Ich bitte nicht um Wunder und Visionen, Herr,
sondern um die Kraft für den Alltag.
Lehre mich die Kunst der kleinen Schritte.

Ich bitte um Kraft für das rechte Maß,
dass ich nicht durch das Leben rutsche,
sondern den Tageslauf bewusst wahrnehme,
auf Lichtblicke und Höhepunkte achte
und Raum finde für Augenblicke der Stille.

Lass mich erkennen, dass Grübeln nicht weiterhilft,
weder über die Vergangenheit noch über die Zukunft.
Hilf mir, das Nächste so gut wie möglich zu tun
und die jetzige Stunde als die wichtigste zu erkennen.

Bewahre mich vor der Erwartung, es müsste im Leben alles glatt gehen.
Schenke mir die Erkenntnis,
dass Schwierigkeiten, Niederlagen, Misserfolge
und sogenannte Rückschläge eine hilfreiche Zugabe zum Leben sind,
durch die wir wachsen und reifen.

Schicke mir im rechten Augenblick jemanden,
der den Mut hat, mir die Wahrheit in Liebe zu sagen
und lass mich deine Wahrheit aus meinem Innersten hören.

Ich weiß, dass sich viele Probleme auch dadurch lösen können,
dass ich nichts tue.
Zeige mir, wo ich warten soll,
und gib mir die Geduld und das Vertrauen dazu.

Du weißt, wie sehr wir der Freundschaft bedürfen.
Gib, dass ich diesem schönsten, schwierigsten,
riskantesten und zartesten Geschäft des Lebens gewachsen bin.

Verleihe mir die nötige Wachsamkeit,
im rechten Augenblick ein Päckchen Güte – mit oder ohne Worte –
an der richtigen Stelle abzugeben.

Mach aus mir einen Menschen,
der einem Schiff mit Tiefgang gleicht,
um auch die zu erreichen, die unten sind.

Bewahre mich vor der Angst,
ich könnte das Leben versäumen.
Gib mir nicht, was ich mir wünsche, sondern was ich brauche.

Lehre mich die Kunst der kleinen Schritte.

Lass mich jeden Tag dich in mir spüren.
So können auch die anderen dich
durch mich erfahren und fühlen,
dass du in uns allen bist, bei jedem kleinen Schritt.

nach Antoine de Saint-Exupéry

Sinneswandel

Heiliger Gott,
seit Jahren geh ich Tag aus Tag in der gleichen Spur.
Das gleiche Denken.
Das gleiche Handeln.
Die gleiche Arbeit.
Die gleichen Ansichten.
Die gleichen Zwecke.
Die gleichen Menschen.
Die gleichen vier Wände.
Die gleichen Aussichten.
Die gleichen Einsichten.
Die gleichen Positionen.
Die gleichen Überzeugungen,
Meinungen, Vorstellungen.
Immer in eine Richtung.
Immer überzeugt.
Manchmal nicht überzeugt.
Fragend, suchend, voller Wünsche nach Veränderung.
Gott, bin ich noch recht bei Sinn?

Ich wünsche mir insgeheim, dass sich etwas ändert.
Dass ich aus dem Rahmen falle.
Dass ich mehr wage, mutiger bin.
Ich wünsche mir einen Sinneswandel.
Gott, erneuere mein Herz,
meinen Geist, meine Sinne.
Schenk mir einen Aufbruch.
Dass sich etwas ändert.
Nicht zu viel, nicht alles auf einmal.
Aber Schritt für Schritt.
Segne mich, Gott, und behüte mich in allem!

Heiko Bräuning

Denn dein ist das Reich, und die Kraft, und die Herrlichkeit

Gott, vergib mir, sei gnädig!
Denn dein ist das Reich, und die Kraft, und die Herrlichkeit.

Und ich tu so, als drehe sich alles nur um mich:
um mein kleines Reich, meine Welt.
Um meine Kraft, und meine Leistungen.
Um meine Ehre, mein Ansehen, meinen Ruf.
Gott, ich will erkennen:
Es geht nicht nur um mich.
Nicht in erster Linie um mein Wohlbefinden,
um mein Zufriedensein.
Es geht nicht in erster Linie darum,
dass bei mir alles in Ordnung ist und in Ordnung kommt.
Denn dein ist das Reich, und die Kraft, und die Herrlichkeit.

Es geht um etwas Größeres:
Was meinen Verstand übersteigt.
Meine Vorstellungen sprengt.
Erwartungen, Möglichkeiten, Zustände,
die so ganz unabhängig sind von dem, wie es um mich steht.
Und wo ich trotzdem einen Platz habe.
Ein Recht darauf, mitzuwirken.
Eine Pflicht, mich nicht rauszunehmen.
Gott, mache mich zum Salz und Licht der Welt.
Mache mich zum Friedensboten.
Zu einem Gesandten, Boten, Hoffnungsträger.
Denn dein ist das Reich, und die Kraft, und die Herrlichkeit.

Öffne meine Augen – dass sie deine Vision erkennen.
Öffne mein Herz – dass es für deine Leidenschaft brennt.
Öffne mein Denken – dass es in deinem Sinne mitdenkt.

Heiko Bräuning

Ich bin ausgebrannt

Schon seit langem warnen mich die Freunde:
Du machst zu viel. Das hältst du nicht durch.
Tritt zurück. Tritt kürzer.
Gönn dir Ruhe, eine Pause, eine Auszeit.
Warnt mich eine innere Stimme:
Du machst zu viel. Das hältst du nicht durch.
Tritt zurück. Tritt kürzer.
Gönn dir Ruhe, eine Pause, eine Auszeit.
Ich habe bisher auf keine der Stimmen gehört.
Das hätte ich wohl besser tun sollen.

Jetzt kann ich nicht mehr.
Meine Kräfte sind zu Ende.
Ich spüre nur noch Lustlosigkeit.
Ich spüre nur noch Müdigkeit.
Ich spüre keine Lebenslust und keine Lebensfreude.
Ich fühle mich wie in ein großes Loch gefallen.
Und ich sehe keine Sonne mehr.
Gott, im finstersten Tal,
in der dunklen Höhle
kann ich nicht anders
als rufen, laut rufen zu dir:
Gott, erbarme dich meiner.
Führe mich durch das dunkle Tal.
Stütze mich. Trage mich. Leite mich.
Und begleite mich.
So lange, bis wieder Lebenskraft in mir ist.
Du bist die Quelle der Kraft, der Freude,
der Liebe, des Glücks.

Gott, wenn es irgendwie sein darf:
Erfülle mich neu mit deiner Kraft.
Richte mich auf.
Bring meine Füße wieder zum Laufen.
Das Herz wieder zum Schlagen.
Ich rufe zu dir:
Entzünde neu das Feuer in mir.
Du hast es versprochen.
Den glimmenden Docht wirst du nicht auslöschen.
Gott, hol mich heraus.
Und führe mich wieder in die Weite.

Heiko Bräuning

Gib, dass ich lerne, zu unterscheiden

Gib, dass ich lerne, zu unterscheiden:
Das Wichtige vom Unwichtigen,
das Vergängliche vom Bleibenden,
das Oberflächliche vom Wesentlichen,
das Vorläufige vom Endgültigen.

Herr, ich habe dich um Kraft gebeten,
um Erfolg zu haben;
du hast mich schwach werden lassen,
damit ich gehorchen lerne.

Ich habe dich um Gesundheit gebeten,
um große Dinge zu tun;
ich habe die Krankheit erhalten,
um Besseres zu tun.

Ich habe dich um Reichtum gebeten,
um glücklich zu sein;
ich habe die Armut erhalten,
um weise zu sein.

Ich habe nichts von dem gehabt,
was ich erbeten hatte;
ich habe alles gehabt,
was ich erhofft hatte.

Fast gegen meinen Willen
sind meine ungesagten Gebete
erhört worden.
Ich bin der Beschenkteste aller Menschen.
Ich danke dir, Herr.

Verfasser unbekannt

Neuanfang

Fang mit mir von vorne an,
wirklich ganz von vorne an.
Geh mit mir den ersten Schritt noch einmal.
Auch wenn ich nicht begreifen kann,
dass ich immer noch nicht weiter bin,
fang mit mir noch einmal ganz von vorne an.

Hol mich zurück von meiner Reise
in mein gelobtes heiliges Land,
hab mich auf meine Art und Weise
auf dem Weg dorthin verrannt.
Und ich kann dir nicht erklären,
warum ich's nicht geschafft habe,
in deiner Spur zu bleiben
und den Weg mit dir zu gehn.

Hab einfach satt, mich zu verrennen,
in einem Chaos der Vergangenheit.
Hab gemeint, mich gut zu kennen,
komm alleine doch nicht weit.
Und ich kann dir nicht erklären,
warum ich's nicht geschafft habe,
in deiner Spur zu bleiben
und den Weg mit dir zu gehn.

Fang mit mir von vorne an,
wirklich ganz von vorne an.
Geh mit mir den ersten Schritt noch einmal.
Auch wenn ich nicht begreifen kann,
dass ich immer noch nicht weiter bin,
fang mit mir noch einmal ganz von vorne an.

Heiko Bräuning
(nach dem Lied „Fang mit mir von vorne an") [9]

Erweitere meine Grenzen

Gott, erweitere meine Grenzen.
Mein kleines Land, meine kleine Welt.
Sie ist eng geworden.
Ich habe sie für mich erobert,
und jetzt stoße ich auf Grenzen.
Ich möchte nicht mehr, um meinetwillen.
Will nicht größer werden, stärker, mächtiger,
weil ich an mich denke.

Aber Gott, ich spüre in mir Ehrgeiz,
Tatendrang, Energie, Begeisterung.
Lass diese Glut in mir nicht erlöschen.
Dein Geist facht immer wieder neue Flammen in mir an.
Dein Geist entbrennt die Sehnsucht in mir:
Was du mir anvertraut hast,
möchte ich mehren,
dass es Frucht bringt,
zu deinem Lob, zu deiner Ehre.

Ich meine mich recht zu verstehen:
Dass es mir nicht um meine Ehre geht,
um mein Ansehen, um meine Geltung.
Es geht mir nicht um Macht, Ruhm und Respekt.
Wenn es dein Wille ist,
dann vertrau mir mehr an.
Gib mir mehr von dir.
Mein guter Gott, ich bin bereit für mehr!

Heiko Bräuning

Segne meine Hände

Herr, segne meine Hände,
dass sie behutsam seien,
dass sie halten können, ohne zu Fesseln zu werden,
dass sie geben können ohne Berechnung,
dass ihnen innewohnt die Kraft, zu trösten und zu segnen.

Herr, segne meine Augen,
dass sie Bedürftigkeit wahrnehmen,
dass sie das Unscheinbare nicht übersehen,
dass sie hindurchschauen durch das Vordergründige,
dass andere sich wohlfühlen können unter meinem Blick.

Herr, segne meine Ohren,
dass sie deine Stimme zu erhorchen vermögen.
dass sie hellhörig seien für die Stimme der Not,
dass sie verschlossen seien für Lärm und Geschwätz,
dass sie das Unbequeme nicht überhören.

Herr, segne meinen Mund,
dass er dich bezeuge,
dass nichts von ihm ausgehe, was verletzt und zerstört,
dass er heilende Worte spreche,
dass er Anvertrautes bewahre.

Herr, segne mein Herz,
dass er Wohnstatt sei deinem Geist,
dass es Wärme schenken und bergen kann,
dass es reich sei an Verzeihung,
dass es Leid und Freude teilen kann.

St. Martin, 4. Jahrhundert

Gott, mach mein Herz wieder weit.
Es ist so eng geworden, so klein.
Zweifel haben das Herz eingenommen.
Kleinglaube hat sich stark gemacht.
Ohnmachtsgefühle haben es erobert.

Gott, mach mein Herz wieder weit,
damit es groß genug ist,
deine Liebe aufzunehmen.

Mach mein Herz weit,
damit es die Menschen im Blick hat,
die mir wie Brüder und Schwestern sind.

Mach mein Herz weit,
dass ich denen begegnen kann,
die dich nicht kennen.

Ja, öffne mein Herz für dich,
damit es wahrnimmt,
was so oft übersehen,
vergessen, verdrängt und nicht geglaubt wird.

Ja, Gott, mach mein Herz wieder weit.

Heiko Bräuning

Gott, du kommst anders

Gott, du kommst anders, als wir es erwarten.
Lass uns das Kleine nicht übersehen, in dem du dich zeigst:
Überall in der Welt.

Wir bitten dich für die Menschen, die enttäuscht sind und müde,
weil ihre Sehnsucht nicht erfüllt wurde,
weil Hektik oder Streit keinen Raum ließen.
Lass sie erfahren, dass du ihnen nahe bist.

Wir bitten dich für alle, die gerade an Weihnachten spüren,
dass sie jemanden verloren haben, der ihnen wichtig war.
Lass dein Licht auch in ihre Dunkelheit leuchten.

Wir bitten dich für die, die nicht wissen, wie es weitergehen soll.
Du übersiehst niemanden.
Hilf uns, dass auch wir die Not wahrnehmen
und tun, was uns an unserem Platz möglich ist.
Gott.

Gebet aus „Stunde des Höchsten",
Quelle unbekannt

Chaos in der Welt

Großer Gott,
überall in der Welt herrscht das Chaos:
Naturkatastrophen, die die Schlagzeilen beherrschen
und Menschenleben fordern.
Schreckliche Verbrechen, weil man meint,
die Ungläubigen ausrotten zu müssen.
Armut, die so gnadenlos Brüder und Schwestern regiert.
Spaltung unter Menschen,
Krieg unter Völkern,
nirgends Frieden.
Gott, die Welt hat sich verlaufen im Chaos.

Und trotzdem bleibt das Fragen nach dir,
die Sehnsucht nach dir,
die Klagen, die Rufe, das Schreien.
Denn wir bleiben auf dich angewiesen.
Von dir kommt, was uns leben lässt.

Schaffe noch einmal neu
aus dem Nichts das sehr Gute.
Schaffe noch einmal neu
über der Leere, dem Durcheinander,
eine Ordnung, die nur du schaffen kannst.

Lass neu deinen Geist schweben über der Welt,
dass er uns erneuert.
Herr, wir setzen unsere Hoffnung auf dich.
Auf wen sonst?
Sei uns gnädig und barmherzig.
Verwirf uns nicht.
Sei uns gnädig, guter Gott.

Heiko Bräuning

Bring mich zum Stehen

Bring mich zum Stehen.
Berühre mich, Gott,
vor einem einzigen Gesicht,
vor den einzelnen Menschen
deiner heiligen Gemeinde.

Bring mich dazu,
Atem zu holen
vor einer einzigen Gestalt,
vor den durch Unruhe und
Oberflächlichkeit Gespaltenen.

Bring mich dazu,
einen Augenblick zu verharren
mit den in Schwachheit Verstummten.
Bring mich zum Stehen, Gott.

Gebet aus „Stunde des Höchsten",
Quelle unbekannt

Mein Weg

Gott, ich gehe auf meinem Weg getrost und ohne Sorgen,
ich gehe mit Gottes Segen, gehe ihn mutig voran.
Gott, ich gehe an deiner Hand, ich bin bei dir geborgen,
ich gehe mit Gottes Segen, gehe ihn mutig voran.
Ich gehe mit Gottes Segen voran.

Du kennst meinen Weg,
und du kennst auch das Morgen,
du wirst einzigartig täglich für mich sorgen.
Du kennst meine Grenzen und du wirst mich tragen,
auch wenn ich und meine Kräfte auf dem Weg versagen.

Du wirst meine wunden Punkte ganz behutsam heilen,
und du wirst in jeder Not mir zur Hilfe eilen.
Du kennst all die Stunden, wo ich schier verzweifle,
du zeigst deine Liebe, die ich an dir bezweifle.

Du kennst die Gedanken,
die sonst keiner von mir kennt,
du stehst auch dann noch zu mir,
wenn alles um mich brennt.
Du fühlst mit mir,
wenn mich plötzlich all mein Mut verlässt,
deine Hand gibt immer,
was ich brauche und hält mich fest.

Gott, ich gehe auf meinem Weg getrost und ohne Sorgen,
ich gehe mit Gottes Segen, gehe ihn mutig voran.
Gott, ich gehe an deiner Hand, ich bin bei dir geborgen,
ich gehe mit Gottes Segen, gehe ihn mutig voran.
Ich gehe mit Gottes Segen voran.

Heiko Bräuning
(nach dem Lied „Geh auf deinem Weg getrost und ohne Sorgen") [10]

Verweilen

Lass mich langsamer gehen, Herr.
Entlaste das eilige Schlagen meines Herzens
durch das Stillwerden meiner Seele.
Lass meine hastigen Schritte stetiger werden
mit dem Blick auf die Weite der Ewigkeit.
Gib mir inmitten der Verwirrung des Tages
die Ruhe der ewigen Berge.

Löse die Anspannung meiner Nerven und Muskeln
durch die sanfte Musik der singenden Wasser,
die in meiner Erinnerung lebendig sind.
Lass mich die Zauberkraft des Schlafes erkennen,
der mich erneuert.
Lehre mich die Kunst des freien Augenblicks.
Lass mich langsamer gehen,
um eine Blume zu sehen,
ein paar Worte mit einem Freund zu wechseln,
einen Hund zu streicheln,
ein paar Zeilen in einem Buch zu lesen.

Lass mich langsamer gehen, Herr,
und gib mir den Wunsch,
meine Wurzeln tief in den ewigen Grund zu senken,
damit ich emporwachse
zu meiner wahren Bestimmung.

Text: aus Südafrika

Gelassenheit

Gott, gib mir die Gelassenheit,
Dinge hinzunehmen,
die ich nicht ändern kann.
Den Menschen, den ich ändern möchte,
weil ich unzufrieden bin mit ihm.
Die Umstände am Arbeitsplatz,
die für mich unerträglich sind.
Mein eigenes Schicksal,
das mich so oft verbittern lässt.
Gott, schenke mir Gelassenheit,
denn was ich lasse,
überlasse ich dir.

Gott, gib mir den Mut,
Dinge zu ändern,
die ich ändern kann.
Du hast mir Kraft gegeben,
Verstand geschenkt,
manchmal ein gutes Bauchgefühl.
Hilf mir, mit Selbstbewusstsein und Gottvertrauen,
vorsichtig, umsichtig, geduldig,
mit kleinen Schritten das zu ändern,
was in meiner Macht steht.
Und was ich ändern kann,
das segne du und lass es reifen.
Gott, gib mir die Weisheit,
das eine vom anderen zu unterscheiden:
Was soll ich ändern? Was gelassen loslassen?
Was kann ich bewegen? Was brauche ich nicht?

Gott, mache mich zu einem Weltverbesserer:
Ich möchte Gelassenheit verbreiten.
Und ich möchte im rechten Moment ändern,
was mir möglich ist.
Gott, schenke mir Weisheit,
klug zu handeln.

Heiko Bräuning
(nach einer Vorlage von Thomas Morus)

Schenke uns Weisheit und Verstand, dich zu sehen

Barmherziger, gütiger Vater,
schenke uns
Weisheit, dich zu erkennen,
Verstand, dich zu verstehen,
Eifer, dich zu suchen,
Geduld, auf dich zu warten,
Augen, dich zu schauen,
ein Herz, über dich nachzusinnen,
und ein Leben, dich zu verkündigen –
in der Kraft des Geistes unseres Herrn Jesus Christus.

Gebet aus „Stunde des Höchsten",
Quelle unbekannt

Genieß in vollen Zügen

Ich genieße in vollen Zügen das Leben
als ein Geschenk, ein großes Geschenk.
Ich genieße den freien Moment,
die Offenheit, die Großzügigkeit,
die Freiheit.

Ich kann, wohin ich will.
Ich kann tun und lassen, was ich will.
Ich bin nicht eingesperrt,
ich bin nicht krank.
Ich bin nicht müde, nicht matt,
ich bin nicht aufgebraucht und verzehrt.
Ich bin nicht lustlos, hoffnungslos und resigniert.
Ich habe Lust auf Neues.
Ich habe Lust am Leben.
Ich habe Kraft, Atem, Ausdauer, Interesse.
Gott, ich genieße das Leben in vollen Zügen.

Es ist ein Geschenk. Du hast mich beschenkt.
Ich danke dir, Gott, für das Geschenk des Lebens.
Und heute will ich tun, wofür es morgen vielleicht zu spät ist.
Heute will ich aufstehen, anpacken, ausprobieren,
wagen zu glauben, hoffen und lieben,
will etwas riskieren, mich trauen, etwas unternehmen,
und nicht unterlassen.

Will nicht zögern, nicht zweifeln, nicht zaudern, nicht zagen.
Und bei alldem möchte ich genießen.
Das Leben genießen in vollen Zügen als Geschenk!
Ein Geschenk aus heiterem Himmel,
von dir, Gott, höchstpersönlich.

Heiko Bräuning

Noch bevor ich rede

Mein Gott, hier bin ich.
Aber bevor ich angekommen bin,
warst du schon da.
Hast mich erwartet.
In Empfang genommen.
Angenommen.

Mein Gott, jetzt rede ich mit dir.
Doch schon lange vorher
hast du mit mir gesprochen.
Hast zu mir geredet.
Worte, die mir sonst keiner sagen konnte.
Worte, die ich vorher nie gehört hatte.
Worte voller Wertschätzung, Anerkennung.
Worte, die nicht nur Worte waren,
sondern Wärme, Balsam, Nähe,
Trost und Hoffnung pur.

Mein Gott, jetzt suche ich dich.
Aber lange zuvor
hast du mich gesucht und gefunden.
Auch wenn ich es nicht gleich bemerkt habe,
weil ich abgelenkt war, zu laut, zu beschäftigt.
Hast du mich gesucht und gefunden.
Du hast mich gefunden,
obwohl ich mich versteckt habe.
Obwohl ich im Verborgenen war.
Du hast mich gesucht und gefunden.
Hast mich angerufen, herausgerufen.

Hast mir Mut gemacht.
Hast mir Neues gezeigt.
Mir Lust gemacht auf mehr.
Gott, bevor ich bei dir war, warst du schon bei mir.
Und ich danke dir,
dass es immer so sein wird:
Du bleibst an meiner Seite!

Heiko Bräuning

Ich werfe meine Freude wie Vögel an den Himmel

Herr, ich werfe meine Freude wie Vögel an den Himmel.
Die Nacht ist verflattert und ich freue mich am Licht.
Deine Sonne hat den Tau weggebrannt
vom Gras und von unseren Herzen.
Was da aus uns kommt, was da um uns ist
an diesem Morgen, das ist Dank.

Herr, ich bin fröhlich heute am Morgen.
Die Vögel und Engel singen, und ich jubiliere auch.
Das All und unsere Herzen sind offen für deine Gnade.
Ich fühle meinen Körper und danke.
Die Sonne brennt meine Haut, ich danke.
Das Meer rollt gegen den Strand, ich danke.
Die Gischt klatscht gegen unser Haus, ich danke.

Herr, ich freue mich an der Schöpfung,
und dass du dahinter bist und daneben,
und davor und darüber und in uns.
Ich freue mich, Herr,
ich freue mich und freue mich.

Quelle: Aus Westafrika

Ich glaube

Ich glaube,
obwohl alles dich vor meinem Glauben verbirgt.
Ich glaube,
obwohl mir alles zuruft: „Nein"!
Ich glaube,
obwohl alles zu sterben scheint.
Ich glaube,
obwohl ich verzweifeln möchte,
denn ich habe mein Leben gegründet
auf ein aufrichtiges Wort,
auf das Wort eines Freundes,
auf das Wort Gottes.
Ich glaube,
obwohl ich mich so allein gelassen weiß
in meinem Schmerz.
Ich glaube,
obwohl ich Völker voller Hass erlebe.
Ich glaube,
obwohl ich Kinder weinen sehe,
weil ich mit Gewissheit weiß,
dass er kommt,
um in den härtesten Stunden
bei uns zu sein
mit seiner Liebe und seinem Licht.
Ich glaube,
doch stärke meinen Glauben!

Verfasser unbekannt[12]

Wahr ist …

Es stimmt nicht,
dass diese Welt und ihre Menschen dem Tod und
dem Untergang geweiht sind –
wahr ist: Denn so sehr hat Gott die Welt geliebt,
dass er seinen eingeborenen Sohn gab,
auf dass alle, die an ihn glauben,
nicht verloren werden, sondern das ewige Leben haben.

Es stimmt nicht,
dass wir Unmenschlichkeit und Diskriminierung, Hunger und Armut,
Tod und Zerstörung hinnehmen müssen –
wahr ist: Ich bin gekommen,
damit ihr das Leben und alles in Fülle haben sollt.

Es stimmt nicht, dass Gewalt und Hass das letzte Wort haben müssen
und dass Krieg und Zerstörung immer bleiben werden –
wahr ist: Denn uns ist ein Kind geboren, ein Sohn ist uns gegeben,
und die Herrschaft ruht auf seiner Schulter,
und er heißt Wunder-Rat,
Gott-Held, Ewig-Vater, Friede-Fürst.

Es stimmt nicht, dass wir auf die besonders Begnadeten,
die Propheten der Kirche, warten müssen,
bevor wir irgendetwas unternehmen können –
wahr ist: Ich will meinen Geist ausgießen über alles Fleisch,
und eure Söhne und Töchter sollen weissagen,
eure Alten sollen Träume haben …

Es stimmt nicht: dass unsere Träume von der Befreiung der Menschheit,
von Gerechtigkeit, Menschenwürde und vom Frieden
nicht für diese Zeit und diese Welt gelten –
wahr ist: Aber es kommt die Zeit und ist schon jetzt,
dass die wahrhaftigen Anbeter werden den Vater anbeten
im Geist und in der Wahrheit ...

Verfasser unbekannt[11]

Gott, ich vertraue

Gott, ich vertraue,
dass hinter dem Nebel die Sonne wartet.
Meine Sicht ist wie benebelt,
ich sehe nicht vorbei. Ich blicke nicht durch.
Hilf mir zu vertrauen, du Licht der Welt.

Gott, ich vertraue,
dass jenseits der tiefsten Nacht Sterne leuchten,
Sterne, die den Weg weisen.
Sterne, die hinweisen auf den König der Könige.
Sterne, die gedeutet werden wollen:
Alles deutet auf neues Leben.

Gott, ich vertraue,
dass in der Wüste Regen fällt,
Wasser des Lebens, das neues Leben hervorbringt,
auch wenn es in mir ist wie eine endlose Wüste:
ausgetrocknet, verdorrt, verblüht, tot.
Gott, des Lebens: Lass es regnen in meiner Wüste.

Gott, ich höre von Vulkanen
und der ungeheuren Kraft, die im Verborgenen ist,
tief unter mir, tief in der Erde.
Gott, erwecke in mir einen Vulkan,
damit neue Kraft fließen kann.

Dir vertraue ich, guter Gott,
dass das Schiff, das ich auf hoher See aufgegeben habe,
das Boot, das fast schon verlassen ist, wegen Sturm und Wellen,
dass dieses Boot den Hafen erreichen wird.
Weil du, Gott, in Jesus Christus mitten im Boot bist und bleibst.

Gott, ich vertraue dir.

Heiko Bräuning

Danke

Danke
für die Blumen in meinem Garten,
sie erfreuen mich
mit ihrer Blüte und ihrem Duft.

Danke
für die Freunde, die ich habe,
sie schenken mir Vertrauen,
geben mir Kraft und Zuversicht.

Danke
für die Liebe, die ich in mir habe,
sie wächst und kommt zu mir zurück,
wenn ich sie verschenke.

Danke
für die Bank unter einem Baum,
dort finde ich die Ruhe, die ich brauche,
und kann Kraft für den Alltag tanken.

Danke
für die Nachbarn, die mir die Hand reichen,
gerade, wenn es schwierig wird,
sind sie für mich da.

Danke
für das Verständnis, das du mir gibst,
deine Toleranz, deine Vergebung,
ich bin ein Mensch und mache Fehler.

Danke
du begleitest mich auf meinem Weg,
gibst mir dann Hoffnung,
wenn ich aufgeben will.

Danke
für die schönen Dinge in meinem Leben,
und für die Schwierigkeiten,
daran kann ich wachsen.

Danke
dafür, dass ich so viele Gründe
zur Dankbarkeit habe,
irgendwie fühle ich mich reich beschenkt.

Verfasser unbekannt

Wie arm wäre ich

Wenn ich ein sehr intelligenter Mensch wäre
und viele Dinge in dieser Welt erklären könnte,
doch deine Welt mir verschlossen bliebe, Gott,
wie beschränkt wäre mein Wissen!

Wenn ich einen Blick dafür hätte,
wie man Geld am besten investiert,
um Reichtum und Wohlstand zu erlangen,
und dabei blind wäre für den unschätzbaren Reichtum
des Evangeliums,
wie arm wäre ich dann!

Wenn ich hellhörig wäre,
und genau wüsste, was die Leute denken und reden,
und so immer auf dem Laufendem wäre,
aber kein Ohr hätte für das Wort,
das du zu mir sprichst, Gott,
was für eine taube Nuss wäre ich dann!

Wenn ich ein guter Sportler wäre,
und meine Kondition jeden Tag trainieren würde,
um Bestleistung bringen zu können,
doch gleichzeitig auf dem Weg zu dir, Gott,
auf der Stelle treten würde,
wie ziellos wäre mein Leben!

Wenn ich ein glänzender Redner wäre,
und die Leute begeistern könnte mit meinen schönen Gedanken,
bei dem Versuch jedoch, mit dir zu sprechen, Gott,
mir die Worte fehlten und ich verstummen würde,
weil mir das Beste nie etwas bedeutet hatte,
wie mangelhaft blieben letztlich all meine großen Gedanken,
Worte und Reden!

Ohne dich, Gott,
bleibt der tiefste Sinn meines Lebens auf der Strecke!

Verfasser unbekannt

Krankheit

Die Krankheit hat mir alle Pläne durchkreuzt,
sie hat mich erschüttert und die Hoffnung zerstreut.
Ein Wunder, wenn ich den Lebensmut nicht verlier,
denn keiner kann sagen, wann alles wieder gut wird.

Ich wünsche mir von Herzen gute Besserung,
Linderung der Schmerzen und Erleichterung.
Möge Gottes Heil und Segen Balsam für mich sein
und auch den schweren Tagen etwas Glanz verleih'n.

Nur müde am Tag, endlos wach in der Nacht,
das Liegen fällt schwer, doch zum Gehen zu schwach.
Kein Rat, der nun hilft, und kein Wunder geschieht,
verzweifeltes Fragen, wann alles wieder gut wird.

Gott, hilf mir, dass ich die Geduld jetzt nicht verliere.
Dass ich nicht ausgerechnet jetzt die Hoffnung aufgebe!
Ja, ich will es glauben: Die Nacht vergeht.
Und ich weiß: Und bald schon zieht der Morgen herauf!

Heiko Bräuning
(nach dem Lied „Wir wünschen dir von Herzen gute Besserung") [13]

Der Herr segne mich

Der Herr segne mich:
Fülle meine Füße mit Tanz und meine Arme mit Kraft.
Fülle mein Herz mit Zärtlichkeit und meine Augen mit Lachen.
Fülle meine Ohren mit Musik und meine Nase mit Wohlgerüchen.
Fülle meinen Mund mit Jubel und mein Herz mit Freude.
Treuer Gott, schenke mir immer neu die Gnade der Wüste:
stilles, frisches Wasser und neue Hoffnung.
Gib mir immer wieder neu die Kraft,
der Hoffnung ein Gesicht zu geben.
Segne mich, Herr und behüte mich.
Lass dein Angesicht leuchten über mir
und sei mir gnädig.
Erhebe dein Angesicht auf mich
und schenke mir deinen Frieden!

unbekannt, aus Afrika

Herr, segne und behüte mich

Herr, segne mich und behüte mich,
auf meinen Wegen, die ins Ungewisse führen.
In den Herausforderungen, die auf mich warten.

Herr, lass dein Angesicht leuchten über mir.
Dass es hell wird:
in mir, um mich, durch mich.
Das ich auch anderen von diesem Licht abgeben kann.

Sei mir gnädig,
in allem, was ich tue oder lasse,
in allem, was mir gelingt oder nicht gelingt.
Gnade! Gott, sei mir gnädig!
Verurteile mich nicht.
Schreibe mich nicht ab.
Lass mich nicht hängen.
Sei mir gnädig!

Herr, erhebe dein Angesicht über mich,
damit andere entdecken,
dass ich von dir gesegnet bin.
Und für sie zum Segen werde.

Und schenke mir deinen Frieden.
Frieden in mein Herz,
in meinen Verstand,
in mein Zuhause.
Friede, der mehr ist als kurzzeitiges Glück
Friede, der mich zufrieden macht,
mit viel oder wenig.
Im Heil und Unheil.

Herr, segne mich!

Heiko Bräuning

Mein Gott, wenn du willst

Mein Gott, wenn du willst,
rufst du mich bei meinem Namen.

Ich vertraue darauf, dass der Name, mit dem du mich rufst,
dass alles, was mich ausmacht, von dir gewollt und gut ist.
Nichts kann mich wirklich aus der Bahn werfen,
keine noch so schlimme Krankheit,
und auch nicht der Tod.

Du hast den Kosmos und uns erschaffen.
Wir Menschen sind Früchte deiner Gedanken.

Nicht unsere Leistung macht uns zu Menschen.
Nicht unsere Arbeit, nicht unsere Äußerlichkeiten.
Was uns zu Menschen macht, ist die Liebe,
die du jedem von uns eingehaucht hast,
und die nicht mehr von uns genommen werden kann.
Dafür danken wir dir, so oft wir können.

In dieser Zuversicht leben wir miteinander,
auch wenn unsere Liebe oft im Dunkeln bleibt.
Hilf uns, unsere Sorgen und Nöte zu teilen.
Stärke uns, unsere Freude und Fröhlichkeit zu teilen.
Trage uns, unsere Liebe wirken zu lassen.

Ewig leben wir in deiner unaussprechlichen Liebe.
So stärke uns bitte jeden Tag für das Miteinander,
als Junge und Alte, Kranke und Gesunde.

Verfasser unbekannt

Danke für jeden Bibelübersetzer

Guter Gott, danke für jeden Bibelübersetzer,
der in meinem Leben die Bibel übersetzt hat,
so dass ich sie verstehen konnte.
Ich denke an die Menschen, die mich von früher Kindheit an
erzogen, geprägt, gelehrt, ermutigt, getröstet, ermahnt haben.
Die Mutter, der Vater, die Oma, der Opa,
sie waren Bibelübersetzer.
Haben deine Liebe in mein Leben hineinübersetzt.

Ich konnte erahnen, spüren, fühlen, erleben,
was es heißt:
von Gott geliebt zu sein, angenommen.
Ich konnte erfahren,
was es heißt:
vergeben zu bekommen,
vergeben zu dürfen.

Guter Gott, ich möchte ein Bibelübersetzer sein:
für meinen Nachbarn, meinen Freund, meinen Ehepartner.
Für meine Kinder.
Gott, mache mich zu einem Bibelübersetzer.

Heiko Bräuning

Verlust

Gott, es ist eine furchtbare Lücke,
die nun klafft.
Die dieser geliebte Mensch hinterlassen hat.
Und keiner kann – das spüren wir alle –
diese Lücke schließen.
Keiner ist da, der diesen Menschen ersetzen könnte.
Keiner ist da, der gleich spricht, gleich denkt,
gleich liebt,
dieser Mensch war für uns ein Segen.
Und jetzt ist er nicht mehr.
Nur Leere. Schmerz. Trauer.
Es ist eine furchtbare Lücke.
Gott, keiner kann diese Lücke füllen.
Vielleicht ist es gut so.
Dann bleibt dieser Platz für immer besetzt
für diesen geliebten Menschen.
Wenn er zurückkommt in unseren Gedanken,
in unseren Herzen, in unseren Erinnerungen.
Wenn er zurückkommt
und wieder Platz nimmt unter uns.

So verrückt das klingen mag,
wir glauben daran:
Wir werden uns nicht nur in Erinnerungen wiedersehen.
Nicht nur einander begegnen im Anschauen der vielen
Fotos und Briefe.
Wir werden uns wiedersehen.
Wir glauben, dass du gestorben und begraben,
am dritten Tage auferstanden bist.
Und dass du der Herr bist über die Lebenden,
uns, die Hinterbliebenen.
Aber auch der Herr über die Toten,
die von uns gegangen sind.

Sie sind nicht alleine. Sie sind in deiner Nähe,
ganz nahe und vertraut bei dir.
Im Leben wie im Sterben.
Und wir glauben, dass du uns wieder zusammenführst.
Ganz am Ende. Dem guten Ende.
Es wird am Ende gut.

Heiko Bräuning

Damit ich dich spüre

Begegnen wolltest du mir,
und ich habe dich nicht erkannt?
Vielleicht weil ich dich dachte, ich wüsste,
wie das ist: Dir zu begegnen?

Vielleicht kommst du ganz anders,
sprengst meine Vorstellungen,
kommst als das Überraschende im Gewohnten,
als das Ungewöhnliche im Gewöhnlichen,
als das Göttliche im Menschen?

Reiß meinen Blick auf,
damit ich dich erkenne,
wenn du mir begegnen willst.

Reiß meine Haut auf,
damit ich dich spüre
in meiner Hilflosigkeit,
in meinem Zweifel,
in meiner Liebe,
in meiner Angst.

Reiß mein Herz auf,
damit ich dich nicht verschatte.
Ich will: Komm bitte,
öffne mich für die Begegnung mit dir!

Hildegard Nies[14]

Wie schön, dass du mich siehst

Herr, mein Gott, mein Vater im Himmel,
wie schön, dass du mich siehst.
Du kennst mich.
Du siehst mich, wenn ich Angst habe,
du siehst mich, wenn ich mich verstecke
und nicht zugebe, was ich getan habe.
Du siehst mich, wenn ich allein bin und von großen Dingen träume,
und von dem Leben, das vor mir liegt.

Wie gut, dass du mich siehst!
Ich kann ja keinen Schritt tun,
bei dem du mich nicht begleitest.
Ich kann kein Wort denken,
das du nicht hörst, ehe ich es ausspreche.
Wie in zwei großen Händen hältst du mich.
Ich bin darin geborgen wie ein Vogel im Nest,
und manchmal scheint mir, ich sei darin gefangen wie ein Vogel im Käfig.

Herr, manchmal ist mir unheimlich vor deiner großen Hand,
in der ich gefangen bin, und ich möchte ihr gerne entrinnen.
Ich denke über die große Welt nach,
über die künstlichen Monde, die die Menschen machen,
über die Raumschiffe, die in den Weltraum hinausjagen,
und denke mir, dass wir Menschen dich eigentlich nicht mehr nötig haben.

Aber während ich das denke, bist du um mich
und ich bin in deinen beiden großen Händen.
Ich denke manchmal auch, es habe eigentlich gar keinen Sinn,
dass es mich gibt.
Dann habe ich dieses Leben satt und würde es gerne wegwerfen,
denn ich habe es mir nicht selber ausgesucht.
Aber ich weiß: Wenn ich mein Leben wegwerfe und zu den Toten komme,
dann begegne ich dort doch wieder dir
und ich bin wieder in deinen Händen gefangen
und bin weder meinen Aufgaben noch dir entflohen.

Manchmal träume ich vom großen Leben.
Ich träume davon,
reich oder schön oder mächtig zu sein,
so dass mich die Menschen sehen und bewundern und von mir reden.
Nicht nur die in meiner Straße,
sondern alle, alle Menschen in der ganzen Welt.
Dann kommt es mir so dumm und klein vor,
das Leben, das ich führen soll, in dem es immer heißt:
Du sollst, du sollst nicht.
Du darfst, du darfst nicht.
Und ich möchte dem allen davonlaufen.

Aber ich weiß, das sind Träume.
Deine Hand ist stärker.
Deine Hand hält mich fest in meiner Schule
oder in meiner Arbeit
oder in deinem Hause,
und auf alle Fälle dort, wo meine kleinen Aufgaben sind.
Es ist gut, Herr, dass du mich festhältst.

Manchmal denke ich: Jetzt sieht mich niemand.
Kein Mensch sieht mich, und auch du, Herr, bist nicht dabei.
Wenn es dunkel ist oder wenn die Vorhänge an meinem Fenster
zugezogen sind.

Und doch weiß ich, wie dumm es ist, zu meinen,
dass du, Gott, das Tageslicht brauchst oder eine Lampe, um mich zu sehen,
als ob du Augen hättest wie ein Mensch.

Aber es ist gut, Herr, dass du mich siehst.
Wie sollte ich leben können, wenn du nicht auf mich acht hättest,
wenn du mit deinen großen Händen und mit deiner Liebe
nicht immer und überall um mich her wärest?

Wenn ich mich selbst betrachte und meine Hand ansehe,
oder im Spiegel mein Gesicht oder meine Gestalt,
dann weiß ich: Das alles hast du gemacht. Es ist gut, das zu wissen.

Ich weiß nichts davon,
was mit mir geschehen ist, als ich klein war,
als ich noch nicht gehen und noch nicht sprechen konnte.
Ich weiß auch nicht, wie es zuging, dass ich im Leib meiner Mutter wuchs.
Auch das hast du getan.
Aus deinen guten und großen Gedanken bin ich entstanden.
Gib mir Ehrfurcht in mein Herz und in meine Gedanken.
Ehrfurcht vor dem Leibe, in dem meine Mutter mich getragen hat,
und Ehrfurcht vor deinen geheimnisvollen Gedanken.
Denn ich möchte dir danken für alles, was du mir gegeben hast,
für meinen Leib, für Geist und Seele,
für meine Geschicklichkeit und meine gesunde Kraft.

Ich möchte dir für vieles andere mehr danken.
Ich danke dir, dass du meinen Weg bestimmt hast
und nicht der Zufall, nicht die Sterne, die die Leute um mich her befragen,
auch nicht die fremde Macht, die wir das Schicksal nennen.
Ich danke dir für jeden Tag, den ich erlebe, denn er kommt aus deiner
guten Hand.
Ich bitte dich, mein Gott, hilf mir, dass ich mich nicht beklage,
weil ich nicht so begabt,
nicht so schön
oder nicht so gesund bin wie andere.
Lass mich dankbar sein, dass du mich so gemacht hast, wie ich bin,
lass mich dankbar sein und dich preisen.

Verfasser unbekannt

Gib mir die Weisheit

Gib mir die Weisheit,
zu schweigen über Schmerzen und Krankheit.
Sie nehmen zu, und jährlich wächst die Freude,
über sie zu berichten.
Ich getraue mich nicht, die Fähigkeit zu erbitten,
Krankheitsschilderungen anderer Menschen zu genießen,
aber lehre mich,
sie mit Geduld zu ertragen.

Schenk mir die wundervolle Einsicht,
dass ich irren kann.
Lass mich möglichst liebenswert sein.
Ich möchte kein Heiliger werden,
denn mit ihnen zu leben ist beschwerlich,
doch ein alter Sauertopf ist Teufelswerk.

Lehre mich,
an anderen unvorhergesehene Begabungen zu entdecken,
und schenke mir, o Herr, die gute Gabe,
dies auch auszusprechen.

Teresa von Avila (1515–1582)

Neues Leben entsteht

Heiliger Gott,
wie lange haben wir uns Kinder gewünscht.
Wie lange haben wir uns darum bemüht.
Es war nicht einfach.
Und manchmal wollten wir schon aufgeben.
Jetzt aber hoffen wir gemeinsam auf neues Leben.
Jetzt spüre ich in mir Veränderung.
So manches geht schon drunter und drüber.
Gott, bin ich aufgeregt.
Noch ein paar Monate, ein paar wenige Tage,
dann erblickt ein neuer Mensch das Licht der Welt.
Ein neuer Mensch?
Gott, mein Mensch.
Unser Menschenkind!

Gemeinsam wollen wir dir danken für dieses Geschenk.
Unfassbar groß und schön ist für uns das Glück!
Und wir beten gemeinsam:
Gib dem Kind alles, was wir nicht geben können.
Sei ihm schon jetzt ein gnädiger Gott.
Du kennst jeden von uns Menschen,
noch bevor wir geboren werden.
Kennst jeden Tag, jede Stunde, die noch kommen wird,
die noch nicht da waren.
Wir beten um deinen guten Segen für unser Kind.

Gott des Lebens,
Herr der Menschen,
Freund der Kinder,
sei gnädig und barmherzig
und voller Liebe!

Heiko Bräuning

Sinn des Lebens

Heiliger Gott,
die einen sagen, alle sieben Jahre soll sich etwas im Leben verändern.
Andere sagen, mit 45 ist alles gelaufen.
Wieder andere meinen, dann erst fängt das Leben richtig an.
Mitten im Leben stehe ich,
schaue auf viel zurück.
Schaue nach vorne und frage mich:
Welchen Sinn hat die mir verbleibende Zeit?
Wohin führt mein Weg?
Wo komme ich raus? Wo komme ich an?

Gott, ich frage mich:
Welchen Sinn hat mein Dasein?
Welche Lücke würde entstehen, wenn ich nicht mehr bin?
Wozu bin ich? Wozu braucht man mich?
Früher hat sich die Frage nicht gestellt.
Ich habe gelebt, wie es mir in den Sinn kam.
Tag für Tag.
Jahr für Jahr.

Jetzt ist die Zeit schnell dahin und vergangen.
Heute frage ich, suche ich, wünsche ich mir einen Sinn.
Den Sinn für mich. Mein Leben. Mein Tun und Lassen.

Gott, ich glaube:
Dass du mein Leben kennst.
Du hast jeden Tag durchdacht, noch ehe er da war.
Du kennst das Ziel meiner Reise.
Du kennst den Sinn in alldem.
Schenk mir neu ein Erkennen meiner Berufung.
Wozu ich da bin.
Wofür du mich haben möchtest.
Warum du mich gebrauchen möchtest.
Gott, ich bin offen für Neues!

Heiko Bräuning

Dazu sind wir da

Dazu also sind wir da
uns gefallen zu lassen
was du willst
für alle Menschen
dazu
uns Lichter aufgehen zu lassen
im Durcheinander von dem was hier und heute
gewollt durchgesetzt
und oft genug auch
erlitten wird

Hilf Gott
dass uns die Augen aufgehen
und das Herz weit wird
im Licht und im Vertrauen
auf deinen bleibenden Willen
der uns rettet von Lebensangst

Dein Licht das Vertrauen schafft
ist uns aufgegangen
im Mann aus Nazareth
Dein Wille ist in ihm Mensch geworden
allen Menschen zu gut
versöhnend
befreiend
Dein Wille geschehe

Gebet aus „Stunde des Höchsten",
Quelle unbekannt

In mir ist es finster

Gott, zu dir rufe ich am frühen Morgen,
hilf mir beten und meine Gedanken sammeln;
ich kann es nicht allein.
In mir ist es finster, aber bei dir ist Licht,
ich bin einsam, aber du verlässt mich nicht,
ich bin kleinmütig, aber bei dir ist Hilfe,
ich bin unruhig, aber bei dir ist Frieden,
in mir ist Bitterkeit, aber bei dir ist Geduld,
ich verstehe deine Wege nicht,
aber du weißt den rechten Weg für mich.

Vater im Himmel,
Lob und Dank sei dir für die Ruhe der Nacht,
Lob und Dank sei dir für den neuen Tag,
Lob und Dank sei dir für alle deine Güte und Treue,
in meinem vergangenen Leben.
Du hast mir viel Gutes erwiesen,
lass mich nun auch das Schwere aus deiner Hand hinnehmen.
Du wirst mir nicht mehr auferlegen, als ich tragen kann.
Du lässt deinen Kindern alle Dinge zum Besten dienen.

Dietrich Bonhoeffer[15]

Bei dir komme ich zur Ruhe

Bei dir komme ich zur Ruhe,
bei dir ruhe ich mich aus.
Bei dir finde ich Frieden, den die Seele braucht.
Bei dir legen sich die Wellen und der Sturm wird still,
bei dir komme ich nach Hause und zum Ziel.

So viel, was mich beschwert, so viel Ballast,
so viel, was mich so müde macht,
so viel, was den Verstand so fest umschlingt,
so viel, was mich vom Ziel abbringt.
Ich bringe alles, Herr, zu dir,
ich gebe alles ab von mir,
lege alles hin zu dir!

Bei dir komme ich zur Ruhe,
bei dir ruhe ich mich aus.
Bei dir finde ich Frieden, den die Seele braucht.
Bei dir legen sich die Wellen und der Sturm wird still,
bei dir komme ich nach Hause und zum Ziel.

So viel, was mich so weit nach unten zieht,
so viel, wo mich nur Angst umgibt,
so viel, was mich mit Macht zur Ohnmacht treibt,
so viel, wo mir nur Unmut bleibt!
Ich bringe alles, Herr, zu dir,
ich gebe alles ab von mir,
lege alles hin zu dir!

Bei dir komme ich zur Ruhe,
bei dir ruhe ich mich aus.
Bei dir finde ich Frieden, den die Seele braucht.
Bei dir legen sich die Wellen und der Sturm wird still,
bei dir komme ich nach Hause und zum Ziel.

Heiko Bräuning
(nach dem Lied „Bei dir komme ich zur Ruhe")[16]

Ich habe keine Angst

Ich habe viel Freude am Leben.
Gott steht auf meiner Seite.
Mit den Menschen, die ich mag,
und mit Gott kann mir nichts passieren.

Worauf es doch ankommt, ist doch dass Gott mich mag
und dass ich andere lieben kann.
Und das kann mir keiner nehmen.
Keine Dunkelheit, keine Schuld,
keine Verachtung durch die Menschen,
keine Krankheit.
Nichts kann mich von Gott und von der Liebe,
von der Freude und vom Glauben trennen.

Natürlich macht mich das nicht unverletzlich,
und manchmal fürchte ich mich vor dem, was als nächstes kommt.

Aber wenn ich mich fürchte - bete ich.
So kann die Angst, die mich ab und zu überkommt,
immer wieder Gelegenheit zum Gebet sein.
Nichts, auch nicht die Angst, etwas zu verpassen,
kann mich von Gott trennen.
Ganz im Gegenteil,
je unsicherer ich bin, umso fester halte ich mich an Gott.

Bei ihm fühle ich mich sicher.
Er zeigt mir, wie schön es ist, zu lachen,
sich zu freuen,
Spaß zu haben
und für andere da zu sein.
Das Leben ist schön,
weil Gott es mir geschenkt hat.

Meine Fröhlichkeit soll ein Zeichen meines Dankes sein.

Verfasser unbekannt

Enttäuschung

Gott,
ich bin zutiefst enttäuscht.
Versprechen wurden gebrochen.
Abgemachtes nicht eingehalten.
Ich habe mich darauf verlassen.
Aber es hat nichts genützt.
Die Enttäuschung fühlt sich schlecht an.
Alles vergeben und vergessen?
Schwamm drüber?
Das fällt mir, ehrlich gesagt, schwer.
Sieben mal siebzig Mal vergeben?
Ich schaffe es nicht.
Gott, ich habe mich getäuscht.
Und jetzt könnte sich Bitterkeit in mir breit machen.
Schlechte Gedanken.
Bewahre mich davor.
Und schenk mir die innere Größe,
abzuschließen. Nicht nachzutragen.
Nicht heimzahlen zu wollen.
Ich weiß, du führst meine Sache zu einem guten Ende!

Heiko Bräuning

Herr, ich weiß nicht, worum ich bitten soll

Herr, ich weiß nicht, worum ich dich bitten soll.
Du allein weißt, was ich benötige.

Du liebst mich besser, als ich selbst mich zu lieben verstehe.
O Vater, schenk deinem Kind,
wovon es selbst nicht weiß, wie es von dir zu erbitten.

Dich zu bitten wage ich nicht, weder um Kreuz noch um Trost;
ich schenke dir einfach mein Herz und öffne es für dich.

Schau auf meine Nöte, die mir selbst unbekannt sind;
schau her und handle an mir nach deiner Fürsorge
und deinem Wohlwollen.

Verletze oder heile mich, drücke mich zu Boden
oder hebe mich auf;
deine Entschlüsse bete ich an, ohne sie zu kennen.

Ich verstumme, reiche mich dir zum Opfer, gebe mich dir hin.
Kein anderes Begehren habe ich, als deinen Willen zu tun.
Lehre mich beten. Bete du aus mir.
Amen.

Filaret von Moskau (1553–1633)

Behindert

Gott, du hast die Lahmen, Tauben, Blinden geschaffen.
Aber es sind nicht die anderen, die lahm, taub, blind sind,
manchmal ich bin es!
Manchmal bin ich taub – für die gut gemeinten Worte anderer.
Manchmal bin ich blind – für die wohlwollenden Zeichen der Liebe.
Manchmal bin ich gelähmt – für die notwendigen Schritte
in die richtige Richtung.

Und ich bin verhärtet – in meinen Ansichten
Ich bin eingeschränkt – in meinem Wollen und Handeln.
Bin blockiert – in meinem Fühlen und Empfinden.

Jesus – du hast die Blinden sehend gemacht.
Hast den Lahmen Beine gemacht.
Hast den Tauben neues Verstehen geschenkt.

Jesus – heile meine blinden Flecken.
Heile mich von lähmenden Ansichten.
Heile mich von tauben Gefühlen.

Ich will, dass andere über mich sagen:
Habt ihr nicht gehört: Er kann wieder gehen.
Er kann die Dinge wieder richtig sehen.
Er kann endlich wieder hören!

Heiko Bräuning

Ergreife du die Macht über mich

Du
von dir kommt alles, was gut ist.
Ergreife du die Macht über mich

über meine Gedanken
– dass ich Gutes denke
über meine Augen
– dass ich Gutes sehe
über meinen Ohren
– dass ich Gutes höre
über meinen Mund
– dass ich Gutes rede
über meine Gefühle
– dass ich Gutes erspüre
über mein Herz
– dass ich Gutes liebe
über meine Hände
– dass ich Gutes tue
über meine Füße
– dass ich gute Wege gehe
Ergreife du die Macht über mich
– damit ich gut bin
Ergreife du die Macht über die ganze Welt
– damit das Gute siegt

Anton Rotzetter[17]

Abhängig

Gott, ich bin abhängig.
Ich kann nicht mehr ohne.
Bisher hab ich mir immer eingeredet,
es geht noch.
Ich habe das Sagen.
Es geht ohne.
Es geht anders.
Es geht schon irgendwie.
Nein, es geht nicht mehr ohne.
Ich bin süchtig.
Ich hänge ab.
Mein Körper verlangt danach.
Meine Gedanken denken an nichts anderes.
Ich spüre: ich bin unfrei, versklavt, leibeigen,
unterworfen, hörig, abhängig!!!

Gott, ich will es verbergen.
Ich will es vor den Menschen verstecken.
Aber sie beobachten mich.
Sie trauen mir nicht.
Sie sind misstrauisch.
Während ich rede, schreie, kämpfe,
strömt das Gift durch die Adern in meinem Körper.
Vergiftet alles
Ich hänge ab.
Gott, ist das Ende?
Komme ich noch mal los davon?
Habe ich die Kraft, den Anstand, die Verantwortung,
den Mut, die Ausdauer und Geduld?
Bin ich es mir wert?
Und den anderen, die um mich bangen, hoffen, fürchten?

Gott, ich rufe zu dir:
Mach mich frei.
Lass mich nicht hängen.
Nicht abhängig sein von Dingen, die mich kaputt machen.
Gott, mache mich frei!
Ich hänge mich an dich!

Heiko Bräuning

O Herr, ich gebe mich ganz

O Herr, ich gebe mich ganz in deine Hände.
Mache mit mir, was du willst.
Du hast mich für dich geschaffen.
Ich will nicht mehr an mich selber denken.
Ich will dir folgen. Was willst du, dass ich tun soll?
Geh deinen eigenen Weg mit mir.
Was du auch forderst, ich will es tun.

Ich opfere dir die Wünsche, die Vergnügungen,
die Schwächen, die Pläne, die Meinungen,
die mich von dir fernhalten und mich auf mich selbst zurückwerfen.

Mache mit mir, was du willst. Ich feilsche um nichts.
Ich suche nicht im Voraus zu erkunden, was du mit mir vorhast.
Ich will das sein, wozu du mich haben willst; ich will all das, wozu du mich machen willst.

Ich sage nicht: Ich will dir folgen, wohin du gehst; denn ich bin schwach.
Aber ich gebe mich dir, dass du mich führst, gleich, wohin.
Ich will dir im Dunkel folgen und bitte nur um Kraft für meinen Tag.

O Gott, du bist so wundervoll bei mir gewesen alle Tage meines Lebens.
Du wirst mich auch ferner nicht verlassen.
Ich weiß es, obschon ich keine Rechte vor dir habe.
Lass mich meinen Weg nicht gehen, ohne an dich zu denken.
Lass mich alles vor dein Angesicht tragen,
um dein Ja zu erfragen bei jedem Wollen und deinen Segen für jedes Tun.

Wie die Sonnenuhr von der Sonne, so will ich allein bestimmt sein von dir.
So sei es, mein Herr Jesus Christus.
Ich gebe mich dir ganz.
Amen.

Kardinal Newman (1801–1890)

Herr, mein Gott,
es tut gut, zu wissen:
Du liebst mich, so wie ich bin.
Ich brauche vor dir und den Menschen keine Rollen zu spielen.
Ich darf einfach so sein, wie ich bin: von dir geschaffen!
Ich brauche nicht immer stark, kräftig, mutig und groß zu sein.
Ich darf auch schwach sein, ohnmächtig, zweifelnd.
Ich brauche mich nicht immer verteidigen und rechtfertigen.
Du hast ein Ja zu mir und du hast das letzte Wort über mich.
Ich brauche nicht immer ängstlich zu fragen:
was denken die anderen über mich.
Du denkst gut über mich. Du stärkst mir den Rücken.

Ich brauche nicht allein meine Wege zu gehen und die Pläne zu schmieden.
Du bist bei mir, begleitest und trägst mich seit meiner Kindheit.
Ich brauche mir nicht ständig Sorgen zu machen wegen der Zukunft.
Du kennst meinen Weg. Hast schon jeden Schritt durchdacht.
Herr, mein Gott, dir vertraue ich.
Danke für deine Zusagen!

Heiko Bräuning

Ich hätte Grund genug gehabt

Guter Gott,
ich hätte Grund genug gehabt, ein Kind von Traurigkeit zu sein,
ich hätte dir Vorwürfe machen können, für so viel schweres Leben.
Ich hätte Grund genug gehabt, im Leben oft zu resignieren,
und die Lebenslust und meine Lebensfreude zu verlieren.

Aber, guter Gott:
Ich konnte mein Leben mit dir bisher wunderbar meistern,
ich durfte mit meiner Art die Menschen oft begeistern.
Du hast mich zum Segen werden lassen, von vielen Menschen geschätzt,
und habe mit deiner Hilfe Zeichen der Hoffnung für so viele gesetzt.

Guter Gott,
ich hätte Grund genug gehabt, das Glück der andern zu beneiden,
und die Schuld auf dich zu schieben für mein unsägliches Leiden.
Ich hätte Grund genug gehabt, mich von Freunden abzukehren,
und die gut gemeinten Worte einfach so zu überhören.

Aber, guter Gott:
Ich konnte mein Leben mit dir bisher wunderbar meistern,
ich durfte mit meiner Art die Menschen oft begeistern.
Du hast mich zum Segen werden lassen, von vielen Menschen geschätzt,
und habe mit deiner Hilfe Zeichen der Hoffnung für so viele gesetzt.

Guter Gott,
ich hätte Grund genug gehabt, meine Hoffnung aufzugeben
und den Glauben an das Gute als Vertröstung abzulegen.
Ich hätte Grund genug gehabt zum Jammern, Klagen, Beschweren,
so viel Ungerechtigkeiten und unmenschliche Beschwerden.

Aber, guter Gott:
Ich konnte mein Leben mit dir bisher wunderbar meistern,
ich durfte mit meiner Art die Menschen oft begeistern.
Du hast mich zum Segen werden lassen, von vielen Menschen geschätzt,
und habe mit deiner Hilfe Zeichen der Hoffnung für so viele gesetzt.

Heiko Bräuning
(nach dem Lied „Du bist zum Segen geworden") [18]

Ich danke allen, die meine Träume belächelt haben

Ich danke allen, die meine Träume belächelt haben.
Sie haben meine Fantasie beflügelt.
Ich danke allen, die mich in ihr Schema pressen wollten.
Sie haben mich den Wert der Freiheit gelehrt.

Ich danke allen, die mich belogen haben.
Sie haben mir die Kraft der Wahrheit gezeigt.

Ich danke allen, die nicht an mich geglaubt haben.
Sie haben mir zugemutet, Berge zu versetzen.

Ich danke allen, die mich abgeschrieben haben.
Sie haben meinen Trotz geschürt.

Ich danke allen, die mich verlassen haben.
Sie haben mir Raum gegeben für Neues.

Ich danke allen, die mich verraten und missbraucht haben.
Sie haben mich erwachsen werden lassen.

Ich danke allen, die mich verletzt haben.
Sie haben mich gelehrt, im Schmerz zu wachsen.

Ich danke allen, die meinen Frieden gestört haben.
Sie haben mich stark gemacht, dafür einzutreten.

Ich danke allen, die mich verwirrt haben.
Sie haben mir meinen Standpunkt klar gemacht.

Vor allem aber danke ich all denen, die mich lieben, so wie ich bin.
Sie geben mir die Kraft zum Leben! Danke.

Verfasser unbekannt

Hier bin ich

Hier bin ich, mein Gott,
und doch bin ich nicht ganz hier.
Es ist so viel, was neu ist, was mich verwirrt.
Es fällt mir so schwer, meine Gedanken zu sammeln.
Vieles ist mir zu groß und zu gewaltig in unserer Welt.
Oft fehlt mir auch das deutliche, eindeutige, wegweisende Wort,
das von allen verstanden und angenommen werden kann.
So sehne ich mich nach Gemeinschaft, nach Überschaubarkeit,
nach Freiheit und Geborgensein, nach festlichem Leben.
Lass mich dies alles heute spüren aus der Kraft deines Wortes. Amen.

Gebet aus „Stunde des Höchsten",
Quelle unbekannt

Ich möchte dir danken

Ich möchte dir für vieles andere mehr danken.
Ich danke dir, dass du meinen Weg bestimmt hast,
und nicht der Zufall, nicht die Sterne, die die Leute um mich her befragen,
auch nicht die fremde Macht, die wir das Schicksal nennen.
Ich danke dir für jeden Tag, den ich erlebe, denn er kommt aus deiner guten Hand.
Ich bitte dich, mein Gott, hilf mir, dass ich mich nicht beklage,
weil ich nicht so begabt,
nicht so schön
oder nicht so gesund bin wie andere.
Lass mich dankbar sein, dass du mich so gemacht hast, wie ich bin,
lass mich dankbar sein und dich preisen.

Verfasser unbekannt

Der Brückenbauer

Jesus, du hast Brücken gebaut zwischen den Menschen,
zwischen alt und jung,
zwischen denen, die vergeben, und denen, welchen vergeben wird,
zwischen dem Guten in der Vergangenheit
und dem Schönen in der Zukunft,
zwischen denen, die bereit sind zu teilen, und denen, die Hilfe brauchen,
zwischen Himmel und Erde.

Jesus, ich wünsche mir, ein Brückenbauer wie du zu sein.
Wo Beziehungen abgebrochen sind.
Wo nur noch Gräben sind.
Wo kein Überwinden mehr ist.

Jesus, ich möchte Brückenbauer sein:
Dass Menschen sich neu begegnen können.
Dass ich Menschen neu begegnen kann.
Dass Menschen auf mich zugehen können.
Die Steine, die im Weg liegen,
die so oft schwer, lästig, gefährlich und nutzlos sind:
Lass mich daraus Brücken bauen, keine Mauern.
Hilf mir, aus dem was ist, Gutes zu tun.
Zu deinem Lob, zu deiner Ehre.
Jesus, mache mich zu einem Brückenbauer.

Heiko Bräuning

Gelassenheit erbeten

Ich lasse mich dir, Herr, und bitte: Mache ein Ende all meiner Unrast.

Meinen Willen lasse ich dir.
Ich glaube nicht, dass ich selbst verantworten muss,
was ich tue und was durch mich geschieht.
Führe du mich und zeig mir deinen Willen.

Meine Gedanken lasse ich dir.
Ich glaube nicht, dass ich so klug bin, mich selbst zu verstehen,
diese ganze Welt, das Leben und die Menschen.
Ich muss sie nicht verstehen.
Lehre mich nur, deine Gedanken zu denken.

Meine Pläne lasse ich dir.
Ich glaube nicht, dass mein Leben darin seinen Sinn findet,
dass ich alles erreiche von meinen Plänen.
Du hast einen besseren Plan für mich.
Ich vertraue deinem Plan, denn du kennst mich.

Meine Sorgen um die anderen Menschen lasse ich dir.
Ich glaube nicht, dass meine Sorgen daran viel ändern können.
Ich vertraue mich deiner guten Sorge an. Alles liegt in deinen Händen.

Alle ungelösten Fragen, alle Mühe mit mir selbst,
alle verkrampften Hoffnungen lass ich dir.
Ich gebe es auf, gegen verschlossene Türen zu rennen
und warte auf dich. Du wirst kommen.

Meine Angst vor der Stärke der anderen lasse ich dir.
Meine Furcht vor meinem Versagen lasse ich dir.
Ich brauche kein erfolgreicher Mensch zu sein,
wenn ich nur ein gesegneter Mensch bin,
einer, der in deinem Willen steht.

Ich lasse mich dir. Ich gehöre dir.
Du hast mich in deiner guten Hand. Ich danke dir.

Pater Matthias Utters [19]

Heimatlos

Gott,
so oft musste ich in meinem Leben umherziehen.
So oft liebgewordene Menschen verabschieden.
So viel Vertrautes und Gewohntes aufgeben.
Wie eine Blume, die ausgerissen ist,
ohne Wurzeln fühle ich mich.
Nirgends mehr verwurzelt.
Gott, ich bin heimatlos.
Alles um mich herum ist anders.
So viele Fremde, Unbekannte.
Ich schaue zurück und sehne mich nach den alten Zeiten.
Aber davon wird es nicht besser.

Gott, hilf mir:
Dass ich Kraft finde, mit offenem Herzen und Verstand
das Neue zu entdecken. Das, was wächst, wahrzunehmen.
Hilf mir, Schritt für Schritt anzukommen.
Wieder Heimatgefühle zu bekommen.
Neue Beziehungen, neue Orte, neue Erfahrungen.
Ein gutes Wort, eine nette Einladung.
Schenk mir neuen Lebensraum.
Ein Raum, in dem ich aufleben kann
und dir von ganzem Herzen danken kann.

Heiko Bräuning

Nicht nur ich

Herr,
ich habe sehr viel mit mir selbst zu tun,
und da sagst du, ich solle allen Menschen
meine Freundlichkeit zeigen.

Ich habe Mühe mit meinem eigenen Schicksal.
Ich komme kaum mit meiner Arbeit zurecht,
und bin ein Mensch, der sich überwinden muss,
ehe er zu anderen spricht.

Du willst, dass ich an sie alle denke.
Du willst, dass ich mich nicht für besser halte als sie,
dass ich ihre Fehler leicht nehme und ihre Not sehe.
Ich soll mir vor Augen halten,
dass sie da sind und leben.

Du, Herr, bist nahe.
Dein Gesicht ist es, das sie tragen.
Gib mir Freundlichkeit für sie.

Gebet aus „Stunde des Höchsten",
Quelle unbekannt

Von neuem an die Arbeit

Mein Gott,
es fällt mir nicht leicht,
von neuem an die Arbeit zu gehen.
Es hat mir gut getan, zu ruhen, zu spielen und zu vergessen.
Nun soll es wieder ernst werden.
Vor mir türmen sich Aufgaben.
Ich werde unruhig und frage:
Wie soll ich durchkommen?
Ich bitte dich, Gott: Gib mir Gelassenheit.
Hilf mir unterscheiden, was wichtig, was unwichtig ist,
was eilt und was nicht eilt.
Lass mir Zeit zur Besinnung,
zum Gespräch mit dir und den Menschen,
auch im Gedränge des Alltags.
Bleibe bei mir.

Aus dem Evangelischen Gesangbuch[20]

In die Pfanne gehauen

Guter Gott,
ich habe das Gefühl,
man hätte mich in die Pfanne gehauen.
Wie ein rohes Stück Fleisch.
Ich fühle mich, als ob mir eins übergebraten würde,
immer und immer wieder.
Ich spüre die Hitze von allen Seiten.
Halte ich das aus?

Gott, ich will es anders sehen:
Was in der Pfanne gebraten wird,
ist danach genießbar.
Was oft gewendet wird,
hat schmackhafte Seiten.
Was heiße Zeiten durchmacht,
wird bekömmlich.

Gott, es waren harte Zeiten,
aber nun scheint sich alles zum Besten zu wenden.
Gott, mache mich zu einem Wohlgeschmack für die Menschen.
Mit allen Erfahrungen.
Mache mich zum Segen für die,
die das Schicksal nicht verstehen und kaum aushalten.
Gott, mache mich zum Segen!

Heiko Bräuning

Missbraucht

Gott, es liegt schon Jahre zurück.
Aber es kommt mir immer noch vor,
als wäre es gestern gewesen.
Noch immer kann ich riechen, fühlen, spüren.
Alles in mir wehrt ich dagegen mit Händen und Füßen.
Aber ich unterliege. Bin zu schwach. Ohnmächtig.
Am liebsten würde ich mich verstecken,
möchte davonlaufen.
Möchte alles ungeschehen machen.
Ich gebe mir die Schuld. Hätte ich damals bloß nicht ...
Zu spät. Es ist geschehen. Das Unaussprechbare.
Das Furchtbare. Das Grauenvolle. Das Entsetzliche.

Noch immer lässt es mich nachts vom Schlaf aufschrecken.
Noch immer ist Dunkelheit die reinste Hölle für mich.
Noch immer traue ich mich nicht, mit jemandem darüber zu reden.
Noch immer ist der Schmerz so heftig und groß.
Gott, ich weiß mir keinen Rat.
Ich sehne mich nach Hilfe.
Aber ich habe Angst, traue mich nicht.
Ich weiß, je länger, je mehr macht mich das Schweigen kaputt.
Ich weiß, je älter ich werde, desto mehr lähmt mich die Vergangenheit.
Ich weiß, ich müsste dringend Hilfe haben und danach fragen.
Aber Gott, es fällt mir so schwer.

Du kennst mich.
Meine Gedanken. Meine Gefühle.
Siehst mein Innerstes,
die Ängste, die Verletzungen,
Gott, wenn es dir recht ist,
gebe ich heute noch mal meine Hoffnung an dich ab.
Abgeben – nicht aufgeben will ich.
Aufsehen – nicht untergehen will ich.
Vorwärtskommen – nicht untergehen.
Gott, hilf mir!

Heiko Bräuning

Loslassen

Gnädiger, gerechter Gott,
all unsere Sorgen legen wir in deine Hand,
damit wir sie loslassen können.
Wir sehnen uns nach deinem Frieden,
für uns selbst und für alle Menschen.
Wir bitten dich: Sei mit deinem Geist der Hoffnung dort,
wo Menschen aufgeben wollen
und nicht mehr auf Veränderung hoffen.
Nimm der Mutlosigkeit die Macht
und mache uns stark, neue Wege zu suchen.

Wir bitten dich: Sei mit deinem Geist des Friedens dort,
wo Menschen sich hassen und verachten.
Zerbrich den Kreislauf der Gewalt
und lass die Menschen den Weg deines Sohnes Jesus Christus finden,
der zur Versöhnung führt
und zur Achtung der Würde jedes Menschen.

Wir bitten dich für uns selbst:
Lass unser ganzes Leben in deinen Händen aufgehoben sein.
Mache dein Wort unter uns lebendig,
damit wir uns sammeln als die Gemeinde,
die deiner Stimme folgt.

Gebet aus „Stunde des Höchsten",
Quelle unbekannt

Verletzung

Guter Gott,
ich fühle mich zutiefst verletzt.
Das habe ich doch nicht verdient, oder?
Gott, du siehst, was mir Menschen angetan haben.
Das Unrecht schreit zum Himmel.
Du müsstest es hören können.
Es müsste dir bekannt sein.
Und es kommt mir so vor, als ob es dir egal ist.
Gleichgültig kommst du mir vor.
Tu doch etwas für meine Sache.
Unternimm doch etwas gegen das Unrecht.
Lass mich nicht hängen.
Gott, ich rufe zu dir.
Wenn du jetzt nicht das Blatt wendest,
wird es aus sein.
Ich hoffe auf dich.
Wende das Schlimme zum Guten.
Heile meine Verletzungen.
Heile meine verletzten Gefühle.
Das enttäuschte Vertrauen.
Und bewahre mich, in Selbstmitleid zu versinken.
Ich möchte wieder leben. Aufblühen.
Neues beginnen.
Meine Hoffnung ruht auf dir.
Wende dich zu mir und sei mir ein gnädiger Gott!

Heiko Bräuning

Herr, wir warten auf dein Kommen

Herr, wir warten auf dein Kommen.
Manchmal tasten wir ängstlich durch die Tage
unseres Lebens wie durch einen dunklen Kellergang.
Herr, wir warten auf dein Kommen.

Manchmal fühlen wir uns ziemlich verzagt –
zweifeln, ob in Erfüllung geht,
was du uns zugesagt hast.
Herr, wir warten auf dein Kommen.

Manchmal geben wir uns großen Illusionen hin –
lassen uns durch Computer und allerlei
technische Errungenschaften verleiten
und hoffen dennoch auf die innere Befreiung.
Herr, wir warten auf dein Kommen.

Wann sehen wir unseren Wert in deiner Zukunft?
Zukunft, die unser Dasein lebenswert macht,
aus der Dunkelheit ins Licht hinein.
Herr, wir warten auf dein Kommen.

Auf eine Welt, wo die Worte wahr sind,
wo die Freude die Angst vertreibt,
wo das Leben eine Chance hat,
wo die Menschen Orientierung finden –
spüren mögen den Sinn fürs Leben –
schon jetzt und immer.
Herr, wir warten auf dein Kommen.

Du bist unsere Zukunft.
Du bist unsere Hoffnung.
Erfülle uns mit Erwartung und Hoffnung,
für das, was auf uns zukommt,
mit der Bereitschaft
aufzunehmen und teilzunehmen,
damit die Menschen in Frieden leben können.

Herr, im Kommen bist du uns nahe.
Gib uns Geduld, Liebe und ein offenes Ohr,
für uns untereinander und für die ganze Welt.

Winfried Herget [21]

Aus dem Rahmen fallen

Alles ist im Rahmen, Gott.
Und das ist mein Problem.
Vieles ist im Rahmen des Möglichen.
Vieles ist genau eingerahmt:
Meine Arbeit.
Meine Handlungsspielräume.
Genau eingegrenzt.
Ja nicht anders sein.
Ja nicht auffallen.
Ja nicht aus der Reihe tanzen.
Und doch machst du mir Mut, sagst mir:
„Du hast ein Recht darauf, aus dem Rahmen zu fallen."

Gott, hilf mir beim Kopfzerbrechen:
Ich zerbreche mir bewusst den Kopf:
Zerbreche das Eintönige.
Zerbreche das Einförmige.
Zerbreche das Gewöhnliche.
Zerbreche den Gleichklang.
Ja, Gott!

Ich will aus dem Rahmen fallen. Ich habe ein Recht darauf!
Ich möchte, dass mein Leben einen Unterschied macht.
Dass es nicht allen und jedem gleicht.
Und nicht so normal und vergleichbar ist.
Gott, ich besinne und berufe mich auf meine Einzigartigkeit.
Auf meine Talente, Begabungen, Möglichkeiten.
Die will ich nützen.
Nützen will ich, was du mir geschenkt hast.
Zum Nutzen werden für andere.
Gott, ich will.
Ja, ich will!
Ich will aus dem Rahmen fallen!

Heiko Bräuning

Wir kommen zu dir, Gott

Wir kommen zu dir, Gott, aus all unserer Unruhe,
mit so vielen Gedanken, die wir uns machen.
Wir kommen zu dir mit unseren Sorgen und Ängsten,
mit Sehnsucht und Hoffnung.
Hier ist ein Ort der Stille.
Hier sind Menschen vor uns getröstet und ermutigt worden.
Hier finden auch wir uns ein,
legen ab, was uns Unruhe macht und auf uns lastet.
Hier dürfen wir aufatmen
und darauf vertrauen, dass du, Gott, nahe bist.
Wir kommen zu dir, unser Gott,
mit Sehnsucht und Hoffnungen
und zugleich friedlos im Herzen.
Du bringst zusammen, was uns zerreißt.
Du sagst das Wort, das uns Mut macht,
aus dem wir neue Kraft schöpfen
für diesen und für jeden Tag.
Du bist uns nahe, Gott,
in deinem Frieden wollen wir aufatmen.

Verfasser unbekannt [22]

Beziehung

Herr,
in unserer Beziehung ist wortwörtlich der Tod im Topf.
Es vergeht kein Tag mehr ohne Streit, ohne Anschuldigung,
ohne Rechthaberei, ohne, dass einer lauter wird als der andere.
Es hat alles so gut angefangen. Romantisches Verliebtsein, voller Harmonie.
Jetzt geht jeder seinen eigenen Weg.
Jeder plant und handelt nur noch im eigenen Sinn.
Keiner schaut mehr nach den Interessen des anderen.
Herr, es ist eng geworden. Und ich sehne mich nach Veränderung.
Gibt es eine Chance für uns?
Ehe es zu spät ist?

Ich lege vor dir alle Sorgen und Mühen ab.
Wenn es einem gelingt, die Liebe neu beleben, dann dir.
Hilf uns, aufeinander zuzugehen.
Hilf uns, einander neu zu entdecken:
Vorurteilsfrei. Ohne Beschuldigungen.
Ohne nachtragend zu sein.
Befreie uns von aller Schuld.
Oft meine ich, im Recht zu sein.
Ich möchte loslassen. Um vergeben zu können.

Nimm mir die Angst, den Kürzeren zu ziehen.
Nimm mir die Angst, dass ich mich schwach zeige.
Hilf uns, Herr der Liebe, Herr des Lebens, zu einem Neuanfang!

Heiko Bräuning

Gott des Anfangs

Vor mir liegt das neue Jahr
ausgebreitet
wie ein leeres weißes Papier
achtsam zeichne ich
meine ersten Linien
neue Ideen
steigen in mir auf
für das Bild des neuen Jahres

Freude und Ruhe
erfüllen mich
ich bin beschenkt
mit diesem neuen Anfang
suchend
gestaltend
achtsam
zögernd und mutig
darf ich wieder neu beginnen

aus deinen Händen
nehme ich dieses Geschenk
in deiner Liebe
darf ich vertrauend beginnen
deinen Segen erbitte ich
für alle Farben
des neuen Jahres

Amen.

Regina Hagmann[23]

Wenn es dunkel wird

Wenn es dunkel wird in mir,
wohin kann ich gehen?
Wenn die Kälte in die Seele dringt,
wohin kann ich gehen?
Wenn die Zeit mir in den Händen verrinnt,
wohin?
Wenn die Unruhe aufsteigt und mich quält,
wohin?
Zu dir will ich gehen, mein Gott,
deine Gegenwart soll mein Licht und meine Wärme sein,
deine Nähe meine Ruhe und meine Geborgenheit.

Verfasser unbekannt

Ausgerechnet jetzt

Nein, Gott, nicht jetzt.
Du rufst mich heraus aus meinem Land.
Ausgerechnet jetzt.
Ich soll alles verlassen, was ich mir mühsam aufgebaut habe.
Jetzt!

Ausgerechnet jetzt,
wo alles so gut läuft,
alles im Lot ist.
Alles im Rahmen.
Alles gut – soweit.

Und du nimmst dir das Recht heraus,
mich abzuberufen.
Hast mich für etwas anderes vorgesehen.
Vorsehung.
Bisher war mir das abstrakt.
Jetzt wird es konkret.
Wie bei Abraham. Wie bei Josua.

Jetzt spüre ich die Angst,
die Unsicherheit.
Spüre, was mir lieb und gewohnt ist.
So vertraut und deshalb so nahe.
Ich soll in die Ferne.
Aufbrechen in ein neues Land.

Du sagst mir nicht, wohin,
du sprichst nicht vom Gelobten Land.
Ich weiß überhaupt nichts.
Ich höre nichts.
Außer: Brich auf, verlass das Hier und Jetzt.

Sei mutig, sei unverzagt. Fürchte dich nicht.
Entsetze dich nicht.
Denn der Herr, dein Gott, ist mit dir in allem, was du tun wirst.
Gott, segne den Aufbruch.
Behüte, was ich zurücklasse.

Heiko Bräuning

Gebet eines älter werdenden Menschen

O Herr, du weißt besser als ich,
dass ich von Tag zu Tag älter und eines Tages alt sein werde.
Bewahre mich vor der Einbildung,
bei jeder Gelegenheit und zu jedem Thema etwas sagen zu müssen.

Erlöse mich von der großen Leidenschaft,
die Angelegenheiten anderer ordnen zu wollen.
Lehre mich, nachdenklich – aber nicht grüblerisch –,
hilfreich – aber nicht diktatorisch – zu sein.

Bei meiner ungeheuren Ansammlung von Weisheit
erscheint es mir ja schade, sie nicht weiterzugeben –
aber du verstehst, o Herr, dass ich mir ein paar Freunde erhalten möchte.
Bewahre mich vor der Aufzählung endloser Einzelheiten
und verleihe mir Schwingen, zur Pointe zu gelangen.

Lehre mich schweigen über meine Krankheiten und Beschwerden.
Sie nehmen zu – und die Lust, sie zu beschreiben, wächst von Jahr zu Jahr.

Ich wage nicht, die Gabe zu erflehen,
mir Krankheitsschilderungen anderer mit Freude anzuhören,
aber lehre mich, sie geduldig zu ertragen.
Lehre mich die wunderbare Weisheit, dass ich mich irren kann.

Erhalte mich so liebenswürdig wie möglich.
Ich möchte kein Heiliger sein – mit ihnen lebt es sich so schwer – aber ein
alter Griesgram ist das Krönungswerk des Teufels.
Lehre mich, an anderen Menschen unerwartete Talente zu entdecken,
und verleihe mir, o Herr, die schöne Gabe, sie auch zu erwähnen.

Teresa von Avila (1515–1582)

Mitten am Tag

Mitten am Tag, Gott,
halte ich an.
Halte an und halte inne.
Von so vielem werde ich
gejagt, gedrängt, gefordert,
verzehrt, verbraucht und verplant.
Jetzt halte ich an.
Halte die Treiber, die Jäger, die Verfolger, auf
und richte mich neu aus:
Ich will bestimmen, wie schnell,
wie hoch, wie weit, wie groß, wie viel.
Befreie mich aus dem Trubel,
dem Stress, von der Last,
von den Anstrengungen und allem Druck.
Mach mein Herz wieder leicht.
Mach mich zum Herrn über das mir Anvertraute.
Hilf mir, selbst zu bestimmen.
Hilf mir, das Eigentliche, Wichtige, Wesentliche
zu erkennen und dann zu tun.
In aller Ruhe, Gelassenheit und Weitsicht.
Mitten am Tag gehe ich beruhigt und gestärkt
an die Aufgaben, die mir wirklich wichtig sind.

Heiko Bräuning

Jahresrückblick

Herr der Zeit.
Wir blicken zurück auf das vergangene Jahr,
und erkennen manche Spuren
deiner Güte und Barmherzigkeit
in unserem Leben.
Du hast uns glückliche Stunden geschenkt,
Freundschaft und Trost in Krisenzeiten,
und manchmal haben wir
den Flügelschlag von Engeln gespürt,
durch die du uns beschützt und geleitet hast.
Dafür danken wir dir.

Aber die vielen Katastrophen,
die das Leben anderer Menschen zerstört haben,
stellen deine Gerechtigkeit und Liebe in Frage,
und klagen unseren Lebensstil an.
Wir fürchten uns vor dem,
was auf uns und unsere Welt zukommen könnte.
Gott, präge uns ein,
dass deine Zusagen verlässlich sind,
und niemand je aus deiner Hand heraus fällt.
Vertreibe das Dunkel in unserem Herzen
mit dem Licht deiner Gegenwart
und führe uns im Neuen Jahr
näher zu anderen Menschen
und zu dir.

Sylvia Bukowski [24]

An unerträglichen Tagen

Herr, mein Gott, es gibt Tage, an denen alles versandet ist:
die Freude, die Hoffnung, der Glaube, der Mut.
Es gibt Tage,
an denen ich meine Lasten nicht mehr zu tragen vermag:
Meine Krankheit, meine Einsamkeit,
meine ungelösten Fragen, mein Versagen.
Herr, mein Gott, lass mich an solchen Tagen erfahren,
dass ich nicht allein bin,
dass ich nicht durchhalten muss aus eigener Kraft,
dass du mitten in der Wüste einen Brunnen schenkst
und meinen übergroßen Durst stillst.
Lass mich erfahren,
dass du alles hast und bist, dessen ich bedarf.
Lass mich glauben,
dass du meine Wüste in fruchtbares Land verwandeln kannst.

Sabine Naegeli[25]

Was mich verfolgt

Gutes und Barmherzigkeit werden mir folgen ein Leben lang.
Gott, manchmal habe ich Angst.
Angst vor denen, die mich scheinbar verfolgen.
Sie jagen mich. Sie bedrängen mich. Sie schüchtern mich ein.
Gott, wenn ich mich umdrehe, sehe ich niemand.
Hat mich mein Gefühl getäuscht?
Oder lauern sie mir in unwegsamem Gelände auf?
Gott, ich habe Angst vor meinen Verfolgern.
Ich kann kein Auge zu tun in der Nacht.
Die Verfolger rauben mir den Schlaf.
Ich traue mich nicht, mit jemanden darüber zu reden.
Gut gemeinte Ratschläge sind mir überdrüssig.

Ich bin müde all der vermeintlich guten Worte.
Gott, was bilde ich mir ein?
Noch einmal will ich mich umdrehen.
Und will Neues entdecken:
Verfolge mich, wer will.
Hinten folgt mir Gutes und Barmherzigkeit.
Ein Leben lang.
Nicht Verfolger verfolgen mich.
Nicht böse Absichten anderer,
die mir Angst einjagen und mich jagen.
Gutes und Barmherzigkeit folgen mir.
Gutes
Barmherzigkeit
verfolgen mich ...
auf Schritt und Tritt.

Ich buchstabiere es mir noch einmal.
Gutes und Barmherzigkeit
werden mir folgen mein Leben lang!
Und ich werde bleiben – und nicht vergehen.
Ich werde bleiben bei dir, im Haus des Herrn,
und werde von nichts verjagt und vertrieben!

Heiko Bräuning

Hin- und hergerissen

Unser Gott,
manchmal sind wir hin- und hergerissen,
wissen nicht, was gut ist und was böse.
Manchmal sind wir unserer Sache viel zu sicher,
dann wieder zweifeln wir an allem.
Stärke unser Vertrauen zu dir
und lass uns füreinander eintreten.

Wir bitten dich
für die Ziellosen, dass sie ihren Weg finden,
für die Zweifelnden, um entschiedene Schritte,
für die Sicheren, dass sie sich Gedanken machen,
für die Nachdenklichen, dass sie auch handeln.
Stärke uns, wenn wir schwach sind,
und lass uns die Schwachen nicht verachten,
wenn wir stark sind.

Gebet aus „Stunde des Höchsten",
Quelle unbekannt

Schubladen

Gott, vergib mir!
Viel zu oft schon habe ich die Menschen um mich einfach in Schubladen gesteckt.
Der eine war mir zu garstig. Der andere zu fordernd.
Der war zu nachtragend. Der zu seltsam.
Der war mir unsympathisch, die zu lieblos.
Der hat mich enttäuscht, der war mir gleichgültig.
Gott, hilf mir, die Schubladen zu öffnen.
Dass ich auf die Menschen zugehen kann,
so wie du den Menschen begegnet bist in Jesus Christus:
offen, menschenfreundlich, herzlich, verständnisvoll.
Gott, ändere meine Gewohnheiten.
Befreie mich aus dem kleinkarierten Denken.
Öffne meine Grenzen,
damit ich die Menschen um mich
neu entdecke!

Heiko Bräuning

Nicht preisgegeben

Zur Ruhe kommen möchte ich, Herr, du mein Gott,
denn ich bin unruhig wie einer,
der auf der Flucht ist.
Gehetzt bin ich wie ein Tier,
dem eine Meute Hunde nachjagt.
Meine Gedanken wirbeln umher
wie ein Haufen dürrer Blätter,
den der Sturm auseinanderpeitscht.
Fern vom Gelingen sind meine Tage,
und in den Nächten finde ich keinen Schlaf.

Sei mir Zuflucht!

Was mich umtreibt, nimm in deine Hände,
denn du, Gott, bist es,
der die Dinge meines Lebens ordnet.
Ich bin nicht preisgegeben blinder Schicksalsmacht.
Du birgst mich und lässt mich bei dir zu Hause sein.
Du begleitest meinen Weg auf dieser Erde.

Ich möchte, Herr, dass manchmal mich dein Atem streift,
damit ich spüre: Du bist da.

Sabine Naegeli[26]

Umkehren

Ich will umkehren zu dir
zu einer leidenschaftlichen Liebe
zu einem grenzenlosen Vertrauen
zu einem einfachen Glauben

Ich will umkehren zu dir
die Gerechtigkeit suchen
den Frieden bringen
die Versöhnung leben

Ich will umkehren zu dir
das Gute sehen
das Wahre erkennen
das Schöne feiern

Ich will umkehren zu dir
und in der Gemeinschaft mit dir
leben und wirken.

Gebet aus „Stunde des Höchsten",
Quelle unbekannt

Begraben

Wenn ich meinen Garten anschaue:
Er kommt mir vor wie ein Friedhof.
So viele unsichtbare Gräber.
Begraben habe ich schon so viel:
an Hoffnung, an Träumen, an Wünschen.
An Erwartungen, an Vorfreuden,
an Sehnsüchten, an Möglichkeiten.
Ich pflege die Gräber.
Lese die Grabinschriften. Könnte heulen!
Es fällt so schwer, Abschied zu nehmen.

Gott, du hast dich Maria als Gärtner offenbart.
Am Grab in der Nähe von Golgatha.
Du hast Jesus, den Totgeglaubten,
den Begrabenen, den Abgeschriebenen,
zum ewigen Leben auferweckt.
Ich glaube an dich, den Schöpfer,
den Herrn über Leben und Tod.
Wenn es sein darf, öffne wenigstens
das eine oder andere Grab auf meinem Friedhof.
Dass wieder zum Leben erwacht,
was abgestorben und begraben erscheint.
Ich will noch drei Tage warten.
Am dritten Tage aber will ich Auferstehung feiern.
Gott, du gibst mir Hoffnung!

Heiko Bräuning

Der neue Psalm 23

Du, Herr, gibst mir für meine Arbeit das Tempo an.
Ich brauche nicht zu hetzen.
Immer wieder gibst du mir einen Augenblick der Stille,
eine Atempause, in der ich wieder zu mir selbst komme.
Du stellst mir Bilder vor die Seele, die mich sammeln,
sprichst Worte zu mir, die mich wieder aufrichten
und mir innere Gelassenheit geben.
Oft lässt du mir mühelos etwas gelingen,
und es überrascht mich selbst, wie zuversichtlich ich sein kann.
Ich merke: Wenn man sich diesem Herrn anvertraut,
bleibt das Herz ruhig.
Obwohl ich viel zu viel Arbeit habe,
brauche ich doch den Frieden nicht zu verlieren.
Du bist ja da, in jeder Stunde, in jeder Lage,
und so verliert alles sein bedrohliches Gesicht.
Oft – mitten im Gedränge – gibst du mir ein Erlebnis,
das mir Mut macht.
Das ist, als ob mir einer eine Erfrischung reichte.
Und dann ist der Friede da und eine große Geborgenheit.
Ich spüre, wie mein Glaube dabei wächst,
wie die Ausgeglichenheit kommt und mein Tagewerk gelingt.
Bei alledem ist es am schönsten zu wissen,
dass ich dir, lieber Herr, folgen darf,
und dass ich – jetzt und immer – bei DIR zu Hause bin.

Toki Miyaschina[27]

Endnoten

1 Segensspruch nach Segensspruch 01/97 von Heinz Pangels 19.01.1997, www.Heinzpangels.de/segensgebete_01 (von Heiko Bräuning leicht verändert). Mit freundlicher Genehmigung.

2 Text und Musik: Heiko Bräuning; © cap-music, 72221 Haiterbach-Beihingen.

3 Text von John Mbiti, Kenia © Guido Erbrich, Zum Beispiel wir. Das Jugendgebetbuch. Benno Verlag, Leipzig o. J., 2014.

4 © Johnson Gnanabaranam, Mein Jesus, mache mich neu. Gespräche mit Gott, Erlanger-Verlag für Mission und Ökumene, Neuendettelsau, 1984.

5 Text und Musik: Heiko Bräuning; © cap-music, 72221 Haiterbach-Beihingen.

6 Text und Musik: Heiko Bräuning; © cap-music, 72221 Haiterbach-Beihingen.

7 Adalbert Ludwig Balling, „Lieber Gott, oft komme ich mir vor wie ein Spielball...", aus: Ders., Unseren täglichen Reis gib uns heute. Gebete aus der Dritten Welt © Verlag Herder GmbH, Freiburg i. Br., 1984.

8 Text und Musik: Heiko Bräuning; © cap-music, 72221 Haiterbach-Beihingen.

9 Text und Musik: Heiko Bräuning; © cap-music, 72221 Haiterbach-Beihingen.

10 Text und Musik: Heiko Bräuning; © cap-music, 72221 Haiterbach-Beihingen.

11 Evangelisches Missionswerk im Bereich der Bundesrepublik Deutschland und Berlin West (Hg.): Von allen Seiten umgibst du mich, Herr. Gebete aus der Ökumene, größtenteils gesammelt und übersetzt von Sybille Fritsch-Oppermann, Hamburg: EMW, 1985.

12 Evangelisches Missionswerk in Deutschland (Hg.): Lege dein Herz in deine Gebete, Gebete aus der Ökumene 3, zusammengestellt und übersetzt von Gustl Roth, Hamburg: EMW, 1998.

13 Text und Musik: Heiko Bräuning; © cap-music, 72221 Haiterbach-Beihingen.

14 Hildegard Nies, Stundenbuch Te Deum, Februar 2009.

15 Dietrich Bonhoeffer, Widerstand und Ergebung © 1998, Gütersloher Verlagshaus, Gütersloh, in der Verlagsgruppe Random House GmbH.

16 Text und Musik: Heiko Bräuning; © cap-music, 72221 Haiterbach-Beihingen.

17 P. Anton Rotzetter, Kapuziner, Gott der mich atmen lässt, Nr. 153.

18 Text und Musik: Heiko Bräuning; © cap-music, 72221 Haiterbach-Beihingen.

19 Pater Matthias Utters, Verlag Positives Leben, Bad Waldsee.

20 © Evangelisches Gesangbuch, 1996 Gesangbuchverlag Stuttgart GmbH, 2. aktualisierte Auflage, Stuttgart, 2007.

21 © Winfried Herget, 2014.

22 Gebet „Wir kommen zu dir, Gott". In: Evangelisches Gottesdienstbuch, S. 497. © Verlagsgemeinschaft Ev. Gottesdienstbuch Bielefeld 6. Auflage 2015.

23 © Regina Hagmann.

24 Urheberrecht bei Verfasserin.

25 Antje Sabine Naegeli, „Herr, mein Gott, es gibt Tage...", aus: Dies., Du hast mein Dunkel geteilt. Gebete an unerträglichen Tagen © Verlag Herder GmbH, Freiburg i. Br. 2014, S. 19.

26 © Antje Sabine Naegeli.

27 Text von Toki Miyaschina, Quelle unbekannt.

Vom gleichen Autoren:

Ich will euch trösten
Hoffnungsvolles und Tröstliches
Bestell.-Nr.: 52 50501; ISBN 978-3-86773-253-6

Was unterwegs geschehen ist
Hoffnungsgeschichten auf dem Lebensweg

Bestell-Nr.: 52 50438; ISBN 978-3-86773-196-6